AF452613

ESSAI

SUR

LA CONSTRUCTION GRAMMATICALE

CONSIDÉRÉE DANS SON DÉVELOPPEMENT HISTORIQUE,

EN SANSKRIT, EN GREC, EN LATIN, DANS LES LANGUES ROMANES

ET DANS LES LANGUES GERMANIQUES.

INTRODUCTION.

La construction grammaticale, c'est-à-dire l'ordre des mots en tant qu'il est déterminé par la fonction que ces mots remplissent dans la phrase comme sujets, comme attributs, comme régimes, etc., fait seule la matière de cet essai, et elle y est étudiée, comme l'annonce le titre, dans son développement historique. Nous ne croyons pouvoir mieux faire pour préciser les limites de notre sujet, ainsi conçu, que de nous référer à un ouvrage de M. Weil : *De l'Ordre des mots dans les langues anciennes et dans les langues modernes* (2e édition. Paris, Franck, 1869), ouvrage où d'ailleurs les travaux antérieurs sur la construction sont jugés avec une autorité qui nous dispense d'y revenir à notre tour.

Le savant helléniste distingue deux principes de construction complétement indépendants l'un de l'autre.

En tant qu'exprimant nos idées les mots doivent se succéder dans le même ordre où se succèdent nos idées elles-mêmes. Le véritable ordre *logique*, pour rendre son sens naturel à une expression dont on a beaucoup abusé dans d'autres sens, est celui de *l'association des idées*. « Supposons, » dit M. Weil (p. 24), « qu'on » ait raconté l'histoire de la naissance de Romulus et des merveilles » qui s'y rattachent, on pourrait ajouter : *Idem ille Romulus* » *Romam condidit.* En montrant à un voyageur la ville de Rome, » on pourrait lui dire : *Hanc urbem condidit Romulus.* En par- » lant des fondations les plus célèbres, après avoir mentionné la

1

» fondation de Thèbes par Cadmus, celle d'Athènes par Cécrops,
» on pourrait continuer : « *Condidit Romam Romulus.* » C'est là
vraiment un principe *logique*, qui a sa raison d'être dans une loi
immuable de l'esprit humain, et qui doit se retrouver appliqué
dans toutes les langues sans distinction de famille, et dans chacune d'elles sans distinction de temps. C'est un principe *étranger*
et en même temps *supérieur* à la grammaire, ou du moins qui ne
peut en aucun cas lui céder, comme nous allons le voir. Il est
clair que l'ordre des mots, envisagé à ce point de vue, ne peut
fournir la matière d'une étude historique : tout au plus aurait-on,
si la chose n'était évidente *a priori*, à vérifier l'identité du principe dans tous les siècles et chez tous les peuples. Nous n'ajouterons rien à ce que M. Weil en a dit. Son principe est une vérité
de sens commun. Mais les vérités de ce genre sont parfois celles
qu'on découvre les dernières, et en la dégageant avec une admi-
rable netteté, M. Weil a déterminé, le premier, croyons-nous,
d'une façon précise, ce qu'il faut entendre par l'autre principe de
construction, par l'ordre *grammatical*, le seul dont nous nous
occupions ici.

Dans les phrases latines citées plus haut nous avons vu le
sujet, le régime, le verbe, occuper successivement la première
place de la proposition. L'ordre *logique* était parfait ; mais il n'y
avait pas trace d'un ordre *grammatical* régulier. En français il
n'eût pas été possible de commencer la proposition par le régime
ou par le verbe. Mais ce n'est pas à dire que la langue n'eût pas
eu à compter avec ce principe logique qui est à la fois étranger
et supérieur à la grammaire proprement dite. « Si l'on voulait, »
dit encore M. Weil (p. 24), « traduire en latin ce passage
» de Voltaire : « Il avait un beau-père, il l'obligea de se
» pendre ; il avait un beau-frère, il le fit étrangler, » on change-
» rait la conformation grammaticale, mais on ne toucherait pas à
» l'ordre des idées, en mettant par exemple : *Socerum ad suspen-*
» *dium adegit, affinem strangulari jussit.* En latin, chaque membre
» ne se compose que d'une seule proposition, en français il se
» compose de deux. C'est qu'en français les convenances de la
» grammaire ne permettent pas de faire précéder le régime. D'autre
» part, l'enchaînement des idées demandait que le régime précédât.
» Que faire dans cet embarras ? Il est impossible de violer les lois
» de la grammaire ; mais il est impossible aussi, pour un auteur
» du moins qui a le sentiment de ce qu'il dit, de renverser l'ordre
» de la pensée. Pour satisfaire et à la grammaire et à la pensée,
» Voltaire a pris le tour que nous avons vu. » L'ordre *grammatical*
entre comme on le voit en concurrence, au moins dans certaines

langues, avec l'ordre *logique*, si bien que ces langues ne peuvent
satisfaire à l'un et à l'autre qu'en biaisant. Le plus commode et
le plus employé de ces biais est celui qui consiste à tourner successivement par l'actif et par le passif, pour amener tour à tour à
la première place, avec la fonction grammaticale de sujet, l'agent ou
l'objet de l'action, le *kartṛ* ou le *karmân*, comme disent les
grammairiens hindous. Ainsi la proposition *Darium vicit Alexan-
der* se traduira en français : « Darius fut vaincu par Alexandre. »

M. Weil consacre à l'ordre *grammatical* la seconde partie de
son travail. Il y prodigue les observations les plus délicates et y
fait ressortir avec une grande finesse les avantages particuliers
des différents tours. Il n'aborde pas les considérations proprement
historiques, non qu'il néglige de relever les constructions des
différentes époques : la note 1 de la page 46, par exemple, signale
la plupart des particularités les plus intéressantes de l'ancienne
construction française ; mais il envisage chaque tour en lui-même,
sans chercher à en rétablir la généalogie. Il le considère dans ses
rapports avec les nuances diverses de la pensée, avec les différentes conceptions logiques de la proposition.

Car la logique ne perd pas ses droits sur l'ordre grammatical
non plus que sur aucune autre des manifestations de l'esprit
humain. Seulement, et c'est ce qui justifiera, nous l'espérons,
l'application de la méthode historique à notre sujet, la logique n'a-
git pas ici comme dans l'ordre que nous avons appelé l'ordre
logique par excellence, selon un principe unique et immuable,
produisant toujours le même effet dans des circonstances données,
mais selon des principes divers entre lesquels un choix est possible. On peut préférer pour des raisons logiques la construction
du sujet avant l'attribut. Mais on peut préférer pour d'autres raisons également logiques la construction de l'attribut avant le
sujet. La première suit l'un des deux ordres possibles de la
synthèse, en réunissant la qualité à la substance qui en avait
été séparée par une analyse préalable, la seconde suit l'ordre
même de cette analyse : car c'est la qualité qui nous frappe avant
la substance, et c'est l'idée de la qualité qui suggère celle de la
substance.

Maintenant il est clair que si le choix entre les différentes constructions également logiques est remis à chaque fois au libre
arbitre de chaque individu, la logique garde ses droits, mais l'histoire perd les siens. Au contraire, si le choix est fait une fois pour
toutes par une langue, l'époque de ce choix est une date *historique*, et si une même langue, ou une même famille de langues,
après avoir fait ce choix, y renonce pour en faire un autre, la

décadence de la construction ancienne et l'avénement de la nouvelle peuvent fournir la matière d'une histoire.

Appliquons ces observations à la famille des langues indoeuropéennes, et particulièrement à celles de ces langues sur lesquelles ont porté nos recherches, et qui sont nommées dans le titre même de cet essai : le sanskrit, le grec, le latin, les langues romanes et les langues germaniques. On admet généralement que les langues anciennes, ou du moins le grec et le latin, les seules dont il ait été parlé jusqu'ici dans les travaux sur la construction, sont des langues à construction *libre*, tandis que les langues modernes, au moins les langues romanes et les langues germaniques, sont des langues à construction *fixe*. C'est la distinction établie par M. Weil à la page 44 de son étude. Si cette distinction était rigoureusement exacte, il est clair qu'il ne pourrait y avoir d'histoire de la construction dans les langues anciennes, mais que l'établissement d'une construction fixe unique dans les langues romanes et dans la plupart des langues germaniques, et de plusieurs types de construction répartis entre différents cas grammaticalement déterminés dans la langue allemande et dans la langue hollandaise, établissement qui, selon toute vraisemblance, a dû se faire d'une façon graduelle, resterait toujours une matière historique. Nous allons plus loin pourtant, et nous soutenons que la méthode historique est pareillement applicable à l'étude de la construction dans les langues anciennes, en d'autres termes, que ces langues, en dépit de toutes leurs libertés de construction, connaissaient des types préférés, des types dominants, des types *historiques*. C'est ce point qu'on sera sans doute le moins disposé à nous accorder, et c'est à le bien établir que doivent tendre nos premiers efforts. Pour y parvenir plus aisément, nous prendrons immédiatement la question par l'autre bout, c'est-à-dire que nous remonterons aux origines indo-européennes.

On explique d'ordinaire les libertés de la construction dans les langues anciennes, et sa fixité dans les langues modernes, par la richesse des flexions dans les premières et la pauvreté ou l'absence des flexions dans les secondes. Mais ces flexions des langues anciennes n'ont pas toujours existé. Les langues indo-européennes, avant d'atteindre la période de la flexion, n'avaient à leur disposition, pour exprimer les rapports des mots entre eux, d'autre ressource que celle qui suffit encore aujourd'hui au chinois, c'est-à-dire la succession des différents termes dans un ordre déterminé (cf. Weil, *loc. cit.*, p. 47). En fait, cette fixité primitive de l'ordre des termes unis par un rapport donné peut seule expliquer l'agglutination des éléments qui composent les formes organiques. C'est ce que M. Curtius fait observer pour la combinaison de la racine verbale avec les thèmes pronominaux dans les formes personnelles du verbe (*Chronologie*, traduction fr., p. 64). Mais les formations organiques de nos langues ne confirment pas seulement l'hypothèse d'une construction fixe dans la période antérieure à la formation et à la flexion. Elles nous révèlent du même coup les principes de cette construction. Si l'on y joint ceux qui déterminent la succession des termes dans les mots composés, c'est-à-dire les règles de construction observées dans ce que M. Adolphe Régnier appelle si justement la *syntaxe intérieure* (*Traité de la formation des mots dans la langue grecque*, p. 13), on a ainsi pour point de départ une réunion de données fort précieuses. Car, si un bon nombre de composés n'ont fait leur apparition dans les différentes langues qu'à des époques relativement récentes, les types primitifs de ces composés sont nécessairement fort anciens. Ils doivent même être antérieurs à la période de la flexion casuelle; autrement on ne comprendrait pas que leur premier terme fût dépourvu de désinence. La notion du thème a bien vite disparu après l'adjonction des désinences de cas, et si les hindous l'ont conservée, c'est précisément grâce à ces composés qui portaient dans leur première partie la trace d'un état ancien du langage où les cas étaient encore inconnus. Ces thèmes nus que renferment les composés sont de véritables fossiles, derniers restes dans les périodes historiques du langage, d'un règne linguistique disparu. Mais en même temps leur construction, constante ainsi que nous le verrons pour un rapport donné, devant le second terme, appartient à une syntaxe fossile dont la connaissance est de la plus haute importance pour notre sujet. A l'appui de cette manière de voir nous pouvons invoquer de nouveau l'autorité de M. Curtius (*loc. cit.* p. 100).

A la vérité ni les composés, ni les formes organiques, ne constituent une proposition entière, ou du moins une proposition un peu compliquée. Nous espérons cependant prouver un peu plus loin que la réduction de tous les rapports possibles entre les différents termes à deux rapports principaux que reproduisent, soit les composés, soit les formes organiques, nous permet de tenter la restitution d'une proposition primitive comprenant au moins trois termes : sujet, attribut et régime de l'attribut. C'est d'ailleurs dans la suite de cet essai que la restitution elle-même sera proposée, et nous n'aurons dans cette introduction qu'à en justifier, si faire se peut, la méthode.

Voici maintenant la question qui se pose : les langues indoeuropéennes, ou pour employer l'expression usitée en pareille matière, la langue mère indo-européenne d'abord et les différentes langues après leur séparation, ont-elles profité immédiatement ou du moins très-anciennement des libertés de construction que rendait possibles l'établissement de la flexion casuelle, et cela au point de ne plus conserver la tradition d'aucun principe fixe de construction? Ou bien les principes primitifs, ou des principes nouveaux résultant d'une transformation graduelle des premières constructions, peuvent-ils encore se reconnaître à travers les libertés dont les langues anciennes, le latin par exemple, usent dans leurs périodes historiques? En d'autres termes, le langage primitivement astreint à une construction fixe a-t-il, pendant un certain temps, renoncé complétement à ce moyen d'expression et de clarté, pour y recourir encore plus tard par un effort nouveau, et sans le secours d'aucune tradition? Ou bien les principes de construction des langues modernes se rattachent-ils par des modifications successives aux principes primitifs qui ont régi la formation de l'organisme indo-européen; toutes les langues, en un mot, anciennes et modernes, ont-elles connu un ordre grammatical régulier, avec cette différence que les langues anciennes avaient, grâce à leurs flexions, la faculté de s'en affranchir *sans en perdre conscience*, tandis que les langues modernes sont réduites, par la perte des flexions, à le suivre plus ou moins servilement? Si la question devait être résolue dans ce dernier sens, les droits de la méthode historique sur l'intégralité de notre sujet seraient bien et dûment établis. Avant de signaler les faits positifs qui nous paraissent imposer cette solution, nous ferons encore un détour pour les mieux mettre en lumière et préparer le lecteur à en apprécier l'importance qu'il pourrait être tenté de contester au premier abord.

Si l'histoire de la construction présentait une lacune correspondant aux périodes historiques des langues anciennes, du latin en particulier, s'il y avait eu interruption complète de toute tradition relative à un ordre grammatical régulier, les langues romanes auraient donc eu à recréer de toutes pièces une construction grammaticale. Ce serait là un fait bien curieux, et il faudrait expliquer pourquoi et comment la conscience d'un tel procédé d'expression s'est réveillée dans ces langues après être restée endormie pendant des siècles dans la langue latine leur mère. En distinguant les langues anciennes et les langues modernes comme langues à construction libre et langues à construction fixe, on explique généralement cette différence entre elles par l'absence ou la pauvreté des désinences casuelles dans les secondes. Or, il importe d'éviter ici tout malentendu. Si l'on voulait dire simplement

que la perte des désinences casuelles interdit aux langues romanes
de prendre vis-à-vis de types de construction d'ailleurs préexis-
tants les libertés que la richesse de la flexion laissait à la
langue latine, nous n'y contredirions pas. Mais si l'on croit
que le même fait peut expliquer l'établissement même des
premiers principes de construction grammaticale dans les
langues romanes, nous pensons qu'on se contente trop aisément.
Cette création, en quelque sorte *ex nihilo*, destinée à com-
penser la chute des désinences casuelles, serait peu conforme
à tout ce que nous savons de l'histoire du langage. Cette histoire
en effet n'a pas d'ordinaire à nous raconter comment se réparent
des pertes déjà consommées, mais comment un choix s'opère entre
des moyens d'expression souvent multiples dès l'origine et en tout
cas incessamment renouvelés. Le langage nous y apparaît comme
un arbre où les branches nouvelles ne poussent pas à la place des
branches mortes, mais où au contraire la multiplication des
rameaux supérieurs étouffe peu à peu les rameaux inférieurs. Si
nous sortons de ces considérations générales, nous devons encore
tenir compte de l'analogie de l'allemand qui a conservé un certain
nombre de désinences casuelles et n'en est pas moins assujetti à
suivre, non pas il est vrai une construction unique, mais plusieurs
types de construction répartis entre des cas rigoureusement déterminés, types que nous retrouverons d'ailleurs dans toutes les
langues germaniques anciennes. Nous constaterons enfin directement qu'à une époque où le français distinguait encore dans un
grand nombre de mots le cas sujet du cas régime, ce qui suffisait,
avec l'usage des prépositions, pour rendre toute équivoque impossible, il était déjà, sinon assujetti, du moins accoutumé à suivre
des types réguliers de construction. Mais si, comme il résulte des
remarques précédentes, la seule explication donnée jusqu'à présent pour justifier le premier établissement d'une construction
grammaticale dans les langues romanes est tout-à-fait insuffisante,
il semble, et c'est là que nous désirions amener le lecteur, que tout
moyen de rattacher les types nouveaux aux types primitifs par des
transformations diverses, mais par une tradition ininterrompue,
méritera d'autant plus d'être pris en considération. Nous allons
proposer celui que nos recherches nous ont suggéré.

« S'il y a, » dit M. Weil (p. 44), « des langues dont la contruc-
» tion est libre, ce sont sans contredit le grec et le latin. *Il est*
» *vrai que les Latins aiment à rejeter le verbe à la suite de ses*
» *compléments.* Il est vrai aussi qu'il y a en latin un grand nombre de
» locutions toutes faites, etc.... On ne voudra pas pourtant fonder
» sur ces observations un système de construction usuelle dont les

» règles seraient cent fois contredites à chaque page de tout auteur
» latin. » Des *règles* absolues de construction, non sans doute! Le
latin, surtout le latin du siècle d'Auguste, n'en connaît point : sa
construction est libre. Mais est-ce à dire que la *prédominance* d'un
certain principe, si elle est bien constatée, soit un fait de peu
d'importance? Nous ne le pensons pas, et c'est précisément à relever la signification de ces *habitudes* de construction dans les
langues anciennes qu'ont tendu nos observations sur la difficulté
d'expliquer la création de toutes pièces d'une construction grammaticale dans les langues modernes. Nous nous croyons donc
autorisé dès maintenant à admettre que les libertés de la construction latine coexistaient avec des principes d'ordre grammatical dont la langue *pouvait s'affranchir sans en perdre pour cela
conscience*. Le plus important de ces principes est celui qui appelle
le verbe à la fin de la proposition.

Faisons un pas de plus, et au lieu de nous en tenir à l'usage
classique du latin, remontons aux plus anciens monuments de la
langue : nous y verrons le verbe construit à la fin de la proposition bien plus fréquemment encore qu'au siècle d'Auguste. Dans
les vieilles lois, dans les fragments des anciens orateurs, il n'est
écarté de cette place que pour des raisons généralement faciles à
déterminer. Chez César enfin qui, bien que postérieur, est, tant
par son autorité en matière de langage que par l'extrême simplicité de son style, un des écrivains les plus intéressants à consulter
sur les questions relatives à l'ordre des mots, chez César, le même
principe est appliqué avec une telle constance qu'on est tenté de le
transformer en règle : dans le deuxième livre du *De bello gallico*,
si on laisse de côté le verbe « être » soumis dans toutes les langues
à des règles de construction particulières, on ne trouve qu'une
quinzaine de verbes personnels construits autrement qu'à l'extrême limite de la proposition, et la plupart de ces exceptions se
justifient par l'application d'autres principes. Après ces observations
dont le lecteur peut aisément vérifier l'exactitude, nous ne pensons
pas qu'il puisse rester de doutes sur l'antiquité et l'importance
de cette *habitude* qu'a le latin de construire le verbe à la fin de la
proposition.

Cette importance s'accroît encore, et l'antiquité du principe
devient encore plus vraisemblable, par la comparaison d'autres
langues de la même famille. La construction du verbe à la fin de
la proposition est le tour employé *presque exclusivement* par la
prose sanskrite, et cela dès ses plus anciens monuments, les Brāh-
manas. Elle paraît aussi *dominante*, quoique non exclusive dans
le Rig-Véda où les libertés qui sont dans toutes les langues le pri-

vilége de la versification ont dû nécessairement s'exercer. D'un autre côté l'allemand construit aujourd'hui encore à la fin de la proposition le verbe des subordonnées. L'opposition même de ce tour avec celui qui a prévalu dans la plupart des langues modernes suffirait à en démontrer l'ancienneté si la preuve directe de cette ancienneté ne nous était fournie par les premiers monuments du vieux-haut-allemand. L'étude des autres littératures germaniques anciennes nous apprendra que toutes les langues de cette sous-famille ont connu la construction du verbe à la fin de la proposition, et que cette construction, dans l'une au moins d'entre elles, l'anglo-saxon, paraît avoir été *dominante*, tant pour les *principales* que pour les subordonnées. Divers arguments s'ajoutant à celui-là donneront, nous l'espérons, une grande probabilité à l'hypothèse d'après laquelle toutes les langues germaniques, ou la langue unique dont elles seraient sorties, auraient connu et appliqué d'une manière plus ou moins exclusive le principe également connu et appliqué en latin et en sanskrit.

On ne niera pas l'intérêt de ces concordances. L'observation que nous en avons faite a été le point de départ de tout ce travail. Qu'on ne se méprenne pas toutefois sur les conclusions que nous en voulons tirer. Il ne s'agit pas ici de restituer à la langue mère indo-européenne, selon la méthode appliquée par Schleicher à la théorie des formes, un principe de construction constaté dans trois des langues ou groupes de langues de la famille. Nous donnerions prise ainsi aux objections élevées par M. Thurot dans la *Revue critique* (13 juillet 1872) contre l'application aux questions de syntaxe des procédés de restitution anté-historique qui, même dans les détails de la formation et de la flexion, ne sont pas sans soulever parfois d'assez grosses difficultés. Mais nous ne faisons ici rien de tel. L'étude des formations organiques qui sont communes à toutes les langues indo-européennes, celle de composés dont les termes se succèdent dans le même ordre en allemand, en latin, en sanskrit, etc., nous révéleront des principes de construction d'après lesquels nous essaierons de rétablir un type primitif de la proposition, et ce type sera nécessairement le même pour chacune des différentes langues. Si pour rattacher à ce type primitif celui qui dans les langues germaniques comme en latin, comme en sanskrit, est caractérisé par la construction du verbe à la fin de la proposition, il nous faut un intermédiaire, il sera tout naturel de chercher à expliquer par une conjecture unique la transition d'un même type primitif à un même type dérivé. L'identité du point de départ et celle du point d'arrivée nous conduiront à interpréter d'un seul coup et avec des arguments identiques l'origine du type définitif commun aux trois langues ou groupes de langues, sans qu'il s'agisse d'exagérer l'antiquité de ce type et de le restituer à la langue mère. Dans ces limites, notre méthode, en gardant le caractère conjectural inséparable de toute recherche sur les origines, ne nous paraît donner prise du moins à aucune objection fondamentale.

Le type primitif de la proposition restitué d'après les principes de construction des formes organiques et des composés, et le type intermédiaire restitué pour servir de transition entre le type primitif et celui que nous trouvons appliqué en sanskrit, en latin et dans les langues germaniques, se retrouvent dans les épopées homériques où ils semblent être encore de beaucoup les plus usités. Nous ne suivrons pas au-delà d'Homère les principes de construction de la proposition grecque : les libertés y sont telles que la conscience d'un ordre régulier, si elle subsiste, devient de plus en plus obscure. Mais pour le latin nous constaterons, à travers toutes les libertés de l'usage classique, la persistance du principe qui, dans la majorité des cas, appelle le verbe à la fin de la proposition. Bien plus, dans les premiers textes français nous trouverons encore des restes assez importants du type de construction latin. Nous y trouverons en même temps deux types de construction nouveaux, dont l'un est devenu peu à peu dominant, puis à peu près exclusif, dans un grand nombre de langues modernes et en français même, tandis que l'autre ne s'est conservé dans un usage régulier qu'en allemand, en hollandais et dans les langues scandinaves, mais qui tous les deux ont été primitivement communs à toutes les langues germaniques. Dans le premier, le verbe, placé après le sujet qui commence la proposition, précède tous les autres termes ; dans le second, le verbe placé après le premier terme de la proposition, adverbe ou régime, régime direct ou indirect, précède le sujet qui est lui-même suivi des autres termes. La conformité des types nouveaux romans et des types nouveaux germaniques s'expliquera par leur dérivation d'un type commun, conservé d'ailleurs plus ou moins tardivement et dans une mesure plus ou moins étendue par chacun des deux groupes de langues, et la forme de ces types *dont la coexistence permet de commencer la proposition par un terme quelconque autre que le verbe comme dans le type ancien*, est déterminée uniquement *par le déplacement du verbe* qui, au lieu de rester à la fin de la proposition, vient se placer entre le sujet initial et les régimes, ou entre le régime initial et le sujet. On verra que ce seul déplacement du verbe suffit à expliquer toutes les particularités des constructions allemandes actuelles.

Ce n'est pas ici le lieu de nous étendre davantage sur les conclusions de l'essai qu'on va lire. On pourra les contester dans le détail. Nos interprétations pourront être remplacées par d'autres qui rendront mieux compte, soit des faits déjà connus, soit surtout des faits qui nous auront échappé, et que des monographies sur la construction de chaque langue pourront mettre en lumière. Un point, nous l'espérons, restera acquis: c'est que l'usage d'une construction grammaticale régulière dans les langues romanes ne constitue pas une *innovation* tardive du langage, mais que les principes de cette construction sont une simple *transformation* d'autres principes suivis dans la langue latine, et que ceux-ci se rattachent aussi plus ou moins directement à des lois qui ont présidé à la formation même de l'organisme indo-européen. Ce qu'on aura admis pour les langues romanes, il sera naturel de l'admettre pour les langues germaniques. Sur ce domaine, il est vrai, la lacune entre la période d'organisation primitive et les plus anciens monuments littéraires est beaucoup plus grande : mais ces monuments nous révéleront des faits assez curieux pour que le chapitre sur la construction des langues germaniques permette de n'être ni le moins intéressant ni le moins instructif d'une histoire définitive de la construction dans les langues indo-européennes, si elle doit être écrite un jour.

Comme l'indique le titre même de cette étude, nous ne l'avons pas étendue à toutes les langues indo-européennes. Les langues slaves nous étaient à peu près fermées, et nous nous trouvions réduits sur ce domaine à l'enseignement des grammaires pratiques [1] d'après lesquelles la construction est libre en russe et en polonais. Nous avons cependant cru remarquer, dans des lectures à la vérité peu étendues, que le russe affectionne, au moins en poésie, la construction du verbe à la fin de la proposition. Le même tour nous a paru le plus fréquemment employé dans une fable lithuanienne en prose insérée dans la Chrestomathie indo-européenne de Schleicher. Il ne serait pas impossible qu'il eût été primitivement dominant dans les langues slaves comme dans les langues germaniques. La liberté de construction des premières tiendrait peut-être à ce qu'elles auraient, comme l'allemand, conservé l'usage du type primitif à côté d'autres types nouveaux, mais sans distribuer comme lui ces types divers entre différents cas grammaticalement déterminés. — Les principes de construction des langues celtiques sont exposés dans la *Grammatica Cel-*

---

1. La *Vergleichende Syntax der slavischen Sprachen* de M. Miklosich (Vienne, 1868-1874) ne renferme pas de chapitre sur l'ordre des mots.

tica de Zeuss (2e édition). Le plus remarquable est celui qui appelle le verbe au commencement de toutes les propositions et qui le fait suivre d'abord du sujet. Ce type, qui a pris une extension assez grande, ainsi que nous le verrons, en vieil-espagnol et en vieux-norrois où nous le considérerons comme inversif, représente dans les langues celtiques la construction régulière. Mais au moment où commence pour nous l'histoire des langues celtiques, elles sont assez vieilles et ont subi des transformations assez profondes pour que le désaccord de leur construction avec les types primitifs n'ait rien de surprenant. — Quant au zend que nous avons aussi laissé de côté, quoique ses formes soient très-anciennes, on ne peut affirmer la même chose de sa syntaxe, s'il est vrai, comme le croit plus d'un savant, que l'Avesta ait été rédigé à une époque relativement moderne dans une langue morte depuis longtemps. En tout cas le témoignage des langues celtiques et du zend ne pourrait rien, en ce qui concerne l'histoire de la construction dans les langues auxquelles nous avons borné nos recherches, contre celui des faits constatés dans ces langues elles-mêmes. Mais nous ne pensons pas non plus, pour les raisons qui viennent d'être données, que ce témoignage puisse condamner à l'avance nos essais de restitution des types primitifs indoeuropéens.

Il nous reste à indiquer le plan de cet essai.

Nous avons eu déjà plus haut l'occasion de dire que tous les rapports qui peuvent exister entre les différents termes d'une proposition se réduisent à deux principaux. L'observation d'ailleurs n'est pas nouvelle : c'est, en effet, sur la distinction de ces deux rapports qu'est fondée la division de la syntaxe, suivie dans nos grammaires classiques, en syntaxe d'accord et syntaxe de dépendance. Cependant, comme cette distinction est de la plus haute importance, tant au point de vue de la restitution du type primitif de la proposition, qu'à celui de la division même de ce travail, il ne semble pas inutile d'y insister pour la préciser davantage.

Les idées qu'exprime le langage peuvent se ramener à deux grandes catégories : 1o Phénomènes observés, c'est-à-dire qualités, actes, etc. ; 2o Objets reconnus pour les porteurs de ces qualités, pour les agents, ou au contraire pour les fins, les instruments, etc., de ces actes. En l'état où nous trouvons nos langues dans les plus anciens monuments, les phénomènes sont exprimés par le verbe personnel, par des adjectifs, par des participes ou même par des noms substantifs abstraits : les objets sont désignés par des pronoms ou exprimés par des substantifs appellatifs : arbre, maison, homme, etc.

Or les noms d'objets ne peuvent guère s'unir entre eux dans un autre rapport que le rapport possessif, celui qui dans la période de la flexion est exprimé par le génitif. Mais le génitif lui-même a la fonction d'un véritable qualificatif, l'expression *res patris* étant équivalente à celle de *res patria*, et il est très-vraisemblable que le génitif n'est, par son origine, autre chose qu'un adjectif dérivé du nom, c'est-à-dire un nom de qualité concret [1]. Ainsi donc on peut dire qu'en général le langage n'établit de rapport immédiat qu'entre les mots exprimant des objets d'une part, et des mots exprimant des actes ou des qualités de l'autre.

Quand un seul nom d'objet est mis en rapport avec un nom de qualité ou d'action, ce rapport dans le langage est toujours le même : c'est le rapport prédicatif. Que l'objet soit l'agent ou le but de l'action, peu importe : pour le langage il est toujours le sujet dont le mot, quel qu'il soit, verbe, adjectif ou participe, qui exprime le phénomène, est l'attribut : « je frappe » ou « je suis frappé. » Il n'y a pas, en effet, d'énonciation complète, c'est-à-dire de proposition, sans ces deux termes, sujet et attribut, dont la relation est précisément ce que nous appelons le rapport prédicatif. En fait, le langage n'établit jamais entre l'idée de *coup*, et l'idée de *moi*, soit dans le sens actif, soit dans le sens passif, un rapport autre que le rapport prédicatif, à moins d'introduire un nouveau terme.

Ce rapport est d'ailleurs à l'origine exprimé par la simple juxtaposition des deux termes, sujet et attribut. Si l'on objecte que le verbe personnel a la propriété d'exprimer, en même temps que l'idée de l'attribut, le rapport qui unit cet attribut au sujet, il suffira de répondre qu'un adjectif ou un participe peut également remplir la fonction d'attribut sans être joint au sujet par aucun terme de rapport. Il en est à cet égard du latin : *majorum bene-facta perlecta* (Caton dans les *Sermonis latini vetustioris reliquiæ* de M. Egger, p. 158), et du grec : χρείσσων γὰρ βασιλεύς (Iliade I, 80), comme du sanscrit : *mahā̃ indrah* « Indra est grand (*Rig-veda*, I, 8, 5). A la vérité dès les plus anciens monuments de nos langues nous trouvons assez souvent un verbe substantif, une copule, pour employer le terme des philosophes, construite comme exposant du rapport entre un sujet et un adjectif ou participe attribut. Cette copule est même maintenant indispensable en français. Mais personne ne doute aujourd'hui que le verbe substantif, devenu l'expression du rapport entre le sujet et l'attribut, l'élément essentiellement affirmatif de la proposition, n'ait été à l'origine un verbe attributif comme les

---

1. Curtius. *La Chronologie dans la formation des langues indo-euro-péennes*. Trad. franç., p. 104. Cf. *Mémoires de la Société de linguistique*, II, p. 358 et suiv.

autres. Le rapprochement de la racine *as* et du substantif sanskrit *asu* « souffle » paraît suggérer pour le verbe que nous retrouvons employé comme copule à la fois dans toutes les langues indo-européennes le sens primitif de « souffler, respirer. » Mais en tout cas l'analogie des autres verbes qui ont pris la fonction de copule dans diverses langues, comme *bhū* « pousser, devenir » (grec φύω, πέφυκα,) dans le sanscrit *bhavati* et dans le latin *fuit*, comme *vas* « habiter » dans l'allemand *war* et l'anglais *was*, comme *stare* « se tenir debout » dans le français *estant*, ne permet pas de douter que la racine *as* n'ait eu aussi à l'origine un sens matériel comme les autres verbes attributifs. — D'un autre côté si le verbe attributif à un mode personnel est devenu l'expression de l'affirmation en même temps que de l'attribut affirmé, il ne renferme aucun élément formatif où l'on puisse retrouver le signe de cette affirmation. Les éléments pronominaux que nous nommons désinences personnelles, quoiqu'on puisse douter qu'ils aient été, dès l'origine, répartis entre les différentes personnes, n'ont jamais pu avoir en tout cas d'autre fonction que celle de sujets dont la racine verbale était l'attribut ; ils ont toujours été avec elle dans un rapport prédicatif qui n'était pas plus exprimé dans ces petites propositions primitives que dans les exemples cités plus haut, et quand on joint aux formes verbales dont ils font partie un nom appellatif comme sujet, ils constituent avec lui (au point de vue étymologique) un véritable pléonasme.

Ainsi, quand un seul objet est mis en rapport avec un phénomène, la proposition qui exprime ce rapport n'est composée que de deux termes, sans exposant du rapport à l'origine, et ce rapport lui-même est toujours prédicatif.

Quand deux objets sont mis en rapport, et dans des rapports différents avec le même phénomène, il faut toujours dans le langage que l'un des deux termes, nominaux ou pronominaux, soit avec le verbe, l'adjectif ou le participe, dans le rapport prédicatif : il n'y a pas en effet de proposition sans un sujet et un attribut. Quant au second terme, il ne pourrait être sujet que dans une seconde proposition, et à la condition d'une modification dans le sens du mot attributif, par exemple d'un passage de la catégorie de l'actif à celle du passif : « Pierre frappe, Paul (est) frappé. » Le seul rapprochement de ces deux propositions eût certainement suffi au langage en l'absence de toute expression des rapports de dépendance, pour exprimer l'idée que Pierre frappe Paul, comme le rapprochement de propositions compliquées ou non par l'adjonction d'un troisième terme, a dû lui suffire, avant la fixation du sens des modes et des conjonctions, et par conséquent en l'absence de toute expression des rapports de subordination, pour suggérer ces rapports, c'est-à-dire les idées de fin, de conséquence, de condition, etc. Mais comme le langage a réussi à rattacher par un lien plus étroit des propositions déjà plus ou moins compliquées, en organisant la période, de même il a, et certainement beaucoup plus tôt, substitué aux petites propositions composées exclusivement de deux termes comme celles que nous avons supposées, une proposition unique dans laquelle il a fondu les deux autres.

Pour cela, au rapport prédicatif qui restait toujours celui de l'un des deux termes avec l'attribut, il a dû en joindre un autre, celui du mot régissant au mot régi, entre l'attribut et le second terme : « Pierre frappe Paul, » ou « Paul est frappé par Pierre. » La proposition dans ce cas comprend trois termes essentiels. Elle en comprendrait quatre si trois objets étaient mis avec le même phénomène dans des rapports différents : « Pierre frappe Paul avec une massue, » ou Paul est frappé par Pierre avec une massue, et même à la rigueur : « Une massue frappe Paul par (la main de) Pierre. » Ces rapports, comme on le voit, sont purement grammaticaux, et leur variation ne correspond pas nécessairement à une variation dans les rapports réels des objets avec le phénomène, qui dans les trois propositions supposées sont restés constamment les mêmes. Ils sont tous, à l'exception d'un seul, des rapports de mot régi à mot régissant, différents entre eux, mais s'opposant pareillement au rapport prédicatif unique qui reste l'élément essentiel et constitutif de la proposition.

Il importe de remarquer que les différents rapports de mot régi à mot régissant peuvent, comme le rapport prédicatif lui-même, exister entre un substantif appellatif quelconque ou un pronom d'une part, et un adjectif ou participe de l'autre, aussi bien qu'entre les mêmes termes et un verbe personnel. Toutes les formes du langage, et même les noms d'action, toutes excepté les pronoms et les appellatifs, c'est-à-dire les mots désignant des objets, pouvaient originairement et peuvent souvent encore régir les mêmes cas que le verbe personnel, et cela, par la raison bien simple qu'elles remplissent la même fonction dans le langage, qu'elles expriment comme lui un *phénomène* et non un *objet*.

Ces deux ordres de rapports, le rapport prédicatif et le rapport de dépendance, se retrouvent, dans les propositions plus compliquées, entre les parties d'un même terme de la proposition, comme entre les termes essentiels eux-mêmes. Les termes complexes sont en réalité de petites propositions dont la réunion est l'image fidèle, quoique réduite, de la période.

Ainsi avec chacun des pronoms ou appellatifs, sujet ou régimes de la proposition, on peut construire un adjectif ou un participe remplissant la fonction d'épithète. Mais cette épithète, si l'on va au fond des choses, se trouve n'être elle-même qu'un attribut, relié au terme qualifié par le rapport prédicatif. Seulement l'affirmation qui est l'essence de ce rapport, au lieu d'être principale, est subordonnée : « Pierre, irrité, a frappé Paul. » On affirme ici deux choses, que Pierre était irrité, et qu'il a frappé Paul. Il en serait de même si au lieu d'un participe, c'était un adjectif, une épithète de nature, qu'on joignît à Pierre : « L'irascible Pierre a frappé Paul. » Seulement la première affirmation est considérée comme accessoire relativement à la seconde, elle lui est subordonnée. Ce n'en est pas moins une affirmation pure et simple, comme celle que contiennent les propositions subordonnées proprement dites, quand elles ne sont pas affectées d'une modalité particulière. Souvent d'ailleurs l'affirmation impliquée par l'adjonction d'une épithète est elle-même affectée d'une modalité pareille à celles qui peuvent être exprimées par les propositions subordonnées : « L'homme sage est heureux. » On n'affirme pas ici qu'un homme est sage et heureux, mais que l'homme, *s'il est sage*, est heureux. Dans certaines circonstances où l'épithète porte sur un régime indirect relié moins étroitement à l'attribut principal de la proposition, c'est-à-dire dans le locatif absolu du sanskrit, dans le génitif absolu du grec, dans l'ablatif absolu du latin, certains grammairiens n'hésitent pas à accorder à la construction le titre de *Proposition participe*. Or toute la différence entre ces constructions et celle d'une épithète avec le sujet ou le régime direct est qu'elles sont plus détachées de la proposition, comme le régime même qui leur tient lieu de sujet. En réalité, et à ne considérer que l'origine des différents tours, la construction de l'épithète a dans tous les cas des droits analogues à un rapprochement, sinon à une assimilation complète avec la construction prédicative.

Outre l'adjectif ou participe construit comme épithète dans un rapport analogue au rapport prédicatif, le terme le plus ordinairement construit avec un appellatif est un autre appellatif ou un pronom, un nom d'objet en un mot, *au génitif*. Mais ce génitif a lui-même la fonction d'un qualificatif, et par sa forme primitive il parait n'être autre chose qu'un adjectif, ainsi que nous l'avons déjà rappelé. On peut donc assimiler le rapport du génitif et de l'appellatif dont il dépend à celui du qualificatif et du terme qualifié, c'est-à-dire en dernière analyse à celui de l'attribut et du sujet.

L'adjectif ou participe construit comme qualificatif, ou plus

généralement comme apposition, avec un appellatif, peut, comme
un attribut principal, être mis en rapport avec un autre appellatif
ou un pronom, et ce nouveau terme est nécessairement avec lui
dans un rapport de dépendance : « Pierre, irrité d'un mot, a
frappé Paul. » Enfin le même rapport de dépendance est possible
entre un appellatif ou un pronom quelconque et un nom d'action,
construit à un cas indirect comme une dépendance de l'attribut,
par exemple dans la fonction qui appartient aujourd'hui à l'infinitif:
« Pierre a frappé Paul pour venger son injure. »

Il résulte de ce qui précède qu'entre tous les termes d'une proposition, comme entre toutes les parties dont peut se composer
l'un des termes essentiels, il n'y a toujours que deux ordres de
rapports possibles : rapport *prédicatif* entre le sujet et l'attribut,
rapport qui, sauf un caractère particulier de subordination, se
reproduit entre le qualificatif et le terme qualifié, et même entre
le génitif et l'appellatif dont il dépend; — rapport *de dépendance*
entre les termes de la proposition autres que le sujet d'une part,
et l'attribut de l'autre, rapport qui se reproduit entre un qualificatif quelconque et les mots qui en dépendent, entre un nom
d'action construit comme infinitif et les termes qui peuvent l'ac-
compagner. Il en résulte aussi que si une période peut se décom-
poser en autant de propositions qu'elle renferme de verbes
personnels, ou d'adjectifs ou participes jouant le rôle d'attributs
principaux, la proposition peut souvent à son tour être considérée
comme une période, renfermant autant de propositions subordonnées qu'elle contient d'adjectifs ou participes construits comme
épithètes ou comme appositions. C'est sur cette observation que
repose la division du présent essai en trois parties.

Dans la première partie nous étudierons la construction de ces
termes complexes de la proposition qui forment en quelque sorte
de petites propositions subordonnées, c'est-à-dire l'ordre de succession du qualificatif et du terme qualifié, du même qualificatif
ou terme en apposition et de ses régimes. Nous réserverons pour
la seconde partie la place des régimes d'un infinitif et d'un adjectif
ou participe construit comme attribut avec un verbe auxiliaire,
bien que cet adjectif ou participe, selon la théorie même qui doit
être exposée, n'ait été à l'origine qu'un terme construit en apposition, soit au sujet, soit au régime direct. Les faits que nous
aurons à signaler, et l'interprétation que nous en présenterons,
seront, nous l'espérons, la justification de l'ordre adopté pour leur
exposition. Nous renverrons également à la seconde partie la construction des particules, et, là où elle donne lieu à des observations
spéciales, celle des pronoms régimes, soit avec un infinitif, soit

2

avec un participe construit en apposition, parce qu'il y a intérêt à ne pas séparer cette étude de celle qui portera sur la construction des mêmes mots avec le verbe personnel.

La seconde partie traitera de la construction des termes essentiels de la proposition : sujet, attribut (personnel ou impersonnel), régimes de l'attribut. La construction de l'infinitif et de ses régimes, de l'adjectif ou participe attribut avec des auxiliaires signifiant « être » ou « avoir » et de ses régimes, et, selon les langues, celle des particules adverbiales et de certains pronoms, feront l'objet de sections particulières dans le chapitre consacré à chaque langue ou groupe de langues. Une section spéciale sera aussi consacrée dans chaque chapitre aux *inversions*. Nous entendons par là les dérogations volontaires aux principes ordinaires de construction, qui ont pour objet et pour effet d'appeler, par le sentiment même de l'inversion, l'attention de l'auditeur ou du lecteur sur les termes déplacés. Le sentiment de l'inversion impliquant la conscience d'un ordre régulier, ces exceptions sont de celles dont on peut dire, au sens littéral, qu'elles *confirment la règle*. Enfin, dans chaque langue également, une section sera consacrée à l'examen des particularités de construction que peuvent présenter les propositions modales, et surtout celles dont le verbe est à l'impératif.

La troisième partie enfin sera consacrée à l'ordre des propositions dans la période, ou plutôt à la seule des questions soulevées par la construction des périodes qui nous semble pouvoir être traitée au point de vue historique : nous voulons parler de l'ordre de succession primitif de la proposition subordonnée, particulièrement de la proposition relative, et de la principale dont elle dépend, et de l'entrée de la première comme incise à l'intérieur de la proposition principale.

Le rapport de deux propositions entre elles dans la période a souvent pour effet de déterminer le choix d'une construction particulière dans l'une ou dans l'autre et quelquefois dans toutes les deux. En allemand par exemple, la proposition subordonnée construit seule le verbe à la fin. La principale précédée de sa subordonnée construit au contraire le verbe au commencement. Ces particularités, quoique déterminées par la fonction ou par l'ordre de succession des propositions dans la période, affectent la place des termes essentiels de chaque proposition : c'est donc dans la seconde partie qu'elles devront être étudiées.

Une observation encore sur le lien des deux premières parties. C'est dans la première qu'à propos de l'ordre de succession du qualificatif et du terme qualifié, du régime d'un qualificatif ou

terme en apposition avec ce terme lui-même, nous devrons chercher dans la syntaxe *intérieure* l'application antéhistorique des
principes de construction conservés ou modifiés aux temps historiques dans la syntaxe *extérieure*, c'est-à-dire étudier l'ordre de
succession des termes des composés. Les résultats de cette étude
nous seront d'un grand secours, quelques-uns même nous seront
indispensables, pour tenter dans la seconde partie, avec d'autres
renseignements tirés des formations organiques, la restitution du
type primitif de la proposition indo-européenne.

Post-scriptum. A l'époque où nous avons terminé cet essai dont
le manuscrit est déposé au secrétariat de l'Institut depuis la fin de
décembre 1872, M. George von der Gabelentz n'avait encore donné
dans la *Zeitschrift fur Vœlkerpsychologie* (VI, p. 376-384), sous
le titre de *Ideen zu einer vergleichenden Syntax*, qu'une sorte
d'introduction au travail sur l'ordre des mots qu'il a publié depuis
dans le même recueil (*Weiteres zur vergleichenden Syntax*, VIII,
fasc. 2 et 3, 1874 et 1875). Nous n'avions pas mentionné cette
courte esquisse, le principe qu'elle posait semblant identique au
principe logique déjà reconnu par M. Weil, quoique la formule en
fût différente. M. v. d. Gabelentz appelle *sujet psychologique* « ce
sur quoi on veut attirer l'attention de l'auditeur, » et *prédicat
psychologique* « ce qu'on veut qu'il en pense, » et il pose en principe
que le sujet ainsi entendu précède le prédicat. Dans une proposition
comme « Es drückt mich der Stiefel, » que nous ne pourrions
guère rendre en français que par ce tour : « Ce qui me fait mal,
c'est ma botte, » le sujet grammatical « ma botte » est en réalité
le prédicat psychologique : le sujet psychologique au contraire est
ici le mal dont il s'agit d'indiquer la cause. Cela revient à dire avec
M. Weil que l'ordre des mots doit suivre l'ordre des idées. Le
sujet et le prédicat psychologiques correspondent à ce que le
savant professeur de Besançon appelle la *notion initiale* et le *but
du discours* (p. 24).

M. v. d. Gabelentz a, dans ses nouveaux articles, développé cette
idée en l'appliquant à tous les termes d'une proposition allemande,
chacun des termes intermédiaires pouvant passer pour le prédicat
psychologique de celui qui le précède, et le sujet psychologique de
celui qui le suit, et il a traité des rapports entre l'ordre psychologique et l'ordre grammatical qu'il n'avait qu'effleurés dans le
premier. L'ordre grammatical comprend des règles d'usage qui
restreignent l'application de la loi fondamentale. C'est encore ce
que M. Weil appelle les « convenances de la grammaire. » Il faut
signaler pourtant les fines observations de M. v. d. Gabelentz sur
l'origine de ce qu'on appelle usage de la langue (*Sprachgebrauch*).

— Les règles d'usage relatives à l'ordre des mots portent principalement sur la place du verbe. Jusque-là nous sommes d'accord avec M. v. d. Gabelentz. Mais l'emploi d'une méthode différente nous conduit ensuite à des conclusions qui sont sur plusieurs points diamétralement opposées aux siennes. La seule considération historique qui trouve place dans son travail est celle des composés dont l'étude est, comme il le dit très-heureusement, pour la science de la construction, ce que la Paléontologie est pour l'Histoire naturelle des êtres organisés (p. 154). Mais sa méthode reste, même en ce qui concerne l'ordre grammatical, purement psychologique. Aussi étend-il ses comparaisons à des langues qui sont sans aucun lien de parenté entre elles. Pour la construction du verbe à la fin de la proposition, il compare au latin le turc, comme l'avait fait du reste M. Weil, et en outre le mandchou et le japonais. Remarquons en passant que l'omission du sanskrit dans cette comparaison due cependant à un esprit curieux et attentif aux phénomènes syntactiques des langues les plus diverses, montre à quel point le principe essentiel de la construction sanskrite a été négligé jusqu'à ce jour. — L'identité de ce principe avec celui de la construction latine nous a au contraire suggéré l'idée de traiter de la construction à un point de vue strictement historique. De là vient que sur le domaine particulier de la langue allemande par exemple, tout en nous accordant avec M. v. d. Gabelentz pour rapprocher la construction des subordonnées de celle des infinitifs, des participes et même des simples adjectifs précédés de leurs régimes, et pour remarquer que cette construction convenait merveilleusement à tout ce qui ne forme pas une énonciation complète, mais seulement une partie d'une énonciation, nous nous séparons de lui en ce que là où, partant toujours de la construction actuelle des propositions principales, il voit une intercalation des régimes avant l'attribut ou le verbe, nous croyons reconnaître au contraire la conservation d'un ordre primitif, modifié dans les propositions principales. — En soumettant à notre tour au public ce travail déjà ancien, nous nous associons de grand cœur aux réflexions par lesquelles M. v. d. Gabelentz termine son dernier article. Quel que soit le sort réservé à nos conclusions, nous estimerons n'avoir pas perdu notre peine si elles provoquent une discussion dont le résultat serait uniquement la condamnation de notre erreur : « car la condamnation d'une erreur n'a pas moins d'importance que la constatation d'une vérité. »

PREMIÈRE PARTIE.

DE L'ORDRE DES MOTS COMPOSANT UN SEUL TERME COMPLEXE
DE LA PROPOSITION.

CHAPITRE Iᵉʳ.

DE L'ORDRE DES MOTS DANS LA SYNTAXE INTÉRIEURE.

Nous avons déjà indiqué dans l'introduction quel parti nous comptions tirer pour notre sujet des règles de construction de la *syntaxe intérieure*, c'est-à-dire de l'ordre de succession des termes dans les composés, et nous avons donné une première justification de notre méthode en nous appuyant en outre sur l'autorité de M. Curtius. Il ne sera peut-être pas inutile de citer ici les propres paroles du savant allemand (*Chronologie*. Trad. fr., p. 100) : « C'est une loi que les langues indo-germaniques ont observée à » quelques exceptions près, jusque dans les temps les plus récents, » d'employer dans la composition des noms le thème nu, sans » désinence casuelle. Au point de vue d'un état postérieur du lan- » gage, on ne peut s'expliquer des composés comme le sanskrit » *nara-simha-s* « un lion parmi les hommes, » comme le grec » λογο-γράφος et le latin *locu-ples*. Pour une époque récente les » thèmes *nara*, λογο, *locu* ou *loco* sont des anachronismes. En » effet, après l'achèvement complet de la flexion nominale, on » perdit conscience de ce qu'était le thème..... Nous voyons ici » (dans les composés) pour ainsi dire à découvert un état plus » ancien du langage où il ne connaissait pas encore les cas..... » Comment expliquer que tant de thèmes nominaux se soient » ainsi conservés sans signe de cas, si l'on n'admet qu'il y avait » eu avant la période casuelle de nombreux composés qui ont » servi de type à toutes les formations postérieures du même » genre ? »

Si l'on ne repousse pas les conclusions du célèbre linguiste, et si d'autre part il se trouve que l'ordre des termes de composés unis dans des rapports donnés est soumis à des principes invariables dans toutes les langues de la famille, on ne pourra se refuser à admettre que ces principes réglaient aussi, dans une période antéhistorique et antérieure même à la flexion casuelle, l'ordre de succession des termes, composés ou non, unis par les mêmes rapports. La méthode consistant à restituer à la langue mère indo-européenne les principes de construction suivis dans les composés de toutes les langues qui en dérivent ne semble donc pouvoir soulever aucune objection.

Les grammaires sanskrites divisent les composés en six classes; mais cette division, faite au point de vue spécial de la langue sanskrite, n'offre aucun intérêt pour le sujet que nous traitons. Les composés adverbiaux sont pour la plupart de simples juxtapositions d'un adverbe, souvent d'une particule remplissant la fonction de préposition, avec un nom à l'accusatif : *anu-divasám* « de jour en jour. » Les composés collectifs sont de peu d'usage, surtout hors du sanskrit. Les copulatifs sont composés de thèmes construits *parallèlement* entre lesquels l'ordre de préséance ne peut donc dépendre de la fonction grammaticale. Restent les possessifs, les déterminatifs et les composés de dépendance. Nous reviendrons tout-à-l'heure sur les possessifs. Les grammaires sanskrites rangent parmi les déterminatifs les composés d'un adjectif ou d'une autre forme nominale avec un adverbe : *saha-ja* « né avec, » *vinā-krita* « dépouillé de. » Mais les adverbes sont généralement des formes de pronoms ou de noms portant une désinence casuelle quoique sorties depuis longtemps de la déclinaison régulière, ou du moins employées dans la fonction d'un cas plus ou moins déterminé, et les composés dont ils constituent le premier terme ne peuvent être scientifiquement assimilés qu'aux composés de dépendance. En revanche les composés d'un appellatif avec un autre appellatif qui est avec lui dans le rapport que les langues, après la création de la flexion casuelle, expriment par le génitif, quoique rangés par les grammaires sanskrites dans la catégorie des composés de dépendance, doivent en être distingués au point de vue où nous nous plaçons ici. Nous avons annoncé déjà que nous rapprocherions la construction d'un génitif avec un appellatif de celle d'un adjectif épithète, attendu que ce cas est par son origine un véritable adjectif, et il paraît avantageux d'adopter pour les composés une classification analogue à celle que nous suivrons pour les termes fléchis unis deux à deux dans le même rapport. Mais il est facile, indépendamment de cette considération, de justifier directement une division des composés en deux groupes

comprenant, l'un les composés d'un appellatif et de son déterminant, que nous appellerons composés *qualificatifs,* l'autre les composés d'un attribut (adjectif ou participe, puisqu'en principe le
verbe personnel n'entre pas en composition), et de son régime,
auxquels nous continuerons à donner le nom de composés *de
dépendance.* Cette division observe en effet entre les termes qui
communiquent leur nature au composé entier, l'appellatif dans les
premiers, l'attribut dans les seconds, l'opposition fondamentale de
l'objet et du phénomène, de la substance et de la qualité, qui
domine tout le langage. Elle observe aussi la distinction des deux
rapports principaux qui peuvent unir les mots dans le discours :
car l'adjonction d'un terme quelconque à un appellatif aboutit toujours en somme à une qualification, en sorte que le rapport qui
unit les deux termes peut toujours se ramener au rapport prédicatif, soit pur et simple, soit subordonné, tandis que le rapport de
dépendance, au sens où nous avons pris ce mot dans l'introduction, n'existe qu'entre un mot attributif et son régime.

Nous avons réservé les composés possessifs. Ces composés, les
plus hardis de nos langues, parce qu'ils en sont les plus elliptiques,
sous-entendent comme tous les autres le rapport du premier terme
au second, et de plus peuvent n'exprimer par aucun suffixe le rapport de dérivation qui semblait nécessaire pour transformer la
locution entière en un adjectif possessif. Ainsi κυλλόπους signifie
« qui a les pieds tortus » aussi bien que κυλλοποδίων, le sanskrit
dîrgha-bāhu « qui a de longs bras » a le sens possessif tout
comme *vyūdhoras-ka* « qui a une large poitrine. » Quelle est, au
point de vue du rôle qu'ils jouent dans la proposition, la différence essentielle entre les composés comme *dîrgha-bāhu,* κυλλόπους,
magnanimus, etc. et les composés qualificatifs ou de dépendance?
Dans les qualificatifs l'appellatif qualifié, et dans les composés de
dépendance l'attribut accompagné de son régime, sont eux-mêmes
sujet, régime ou attribut, ou sont construits en apposition avec
le sujet, le régime ou l'attribut. Dans les possessifs, un appellatif
bāhu- « bras », ποδ- thème de πούς « pied », *animo-* thème de
animus « âme », construit avec un adjectif *dîrgha-,* κυλλο-,
magn(o)-, ou avec un autre appellatif remplissant la fonction d'un
génitif (*gajendra-vikrama* « qui a l'héroïsme du roi des éléphants,
βουκέφαλος « qui a la tête d'un bœuf, ») est qualifié par cet adjectif
ou cet appellatif comme dans les composés qualificatifs : mais
l'appellatif n'est dans la proposition où entre le composé ni
sujet, ni régime, ni attribut, et il n'est construit en apposition ni
avec le sujet, ni avec le régime, ni avec l'attribut. C'est ce qu'on
peut vérifier sur le mot *animus* dans la proposition : *Vir magna-*

nimus pericula non timet, ou dans toute autre proposition où entrera le composé *magnanimus*. De là vient que les commentateurs hindous, quand ils résolvent en ses éléments un composé possessif, sont obligés de le remplacer par une proposition subordonnée avec un pronom relatif, exemple *dīrgha-bāhu, dīrghau bāhū yasya* « dont les bras sont longs. » Mais, si l'on admet avec nous l'identité originelle du rapport prédicatif et du rapport simplement qualificatif, les composés qualificatifs peuvent comme les possessifs être assimilés à de petites propositions subordonnées. Seulement, la petite proposition est dans le composé qualificatif plus étroitement rattachée à la grande où son sujet joue un rôle comme sujet, régime ou attribut; elle en est au contraire plus détachée[1] dans le composé possessif parce que son sujet ne joue aucun rôle dans la proposition principale. C'est donc en somme des composés qualificatifs que les possessifs doivent être rapprochés dans notre classification.

Nous pouvons maintenant formuler les principes de construction applicables à nos deux grandes classes de composés : 1º Dans les qualificatifs, le terme qualifiant précède le terme qualifié; 2º Dans les composés de dépendance le terme régi précède le terme régissant.

Vérifions d'abord le premier principe. Il est rigoureusement observé en sanskrit, en grec, en latin et dans les langues germaniques, que le terme qualifiant soit un adjectif (ou participe), exemples : skr. *divya-kusuma* « fleur céleste, » gr. ἀκρό-πολις, « ville haute » lat. *albo-galerus* « bonnet blanc (de flamine), » — ou un appellatif construit avec la fonction d'un génitif, exemples : skr. *mahī-pati* « maître de la terre, » gr. οἰκοφύλαξ « gardien de la maison, » lat. *tubu-lustrium* « bénédiction des trompettes, » goth. *brothra-lubo* « amour du frère. » Il en est de même lorsque le composé a le sens possessif, exemples : skr. *dīrgha-bāhu, gajendra-vikrama*, gr. κυλλό-πους, βουκέφαλος, lat. *magnanimus*, déjà cités, vieux haut allemand *lanc-muot* « qui a l'âme patiente, » franc latinisé *Dago-bertus* (*dag* « jour » et *beraht* « éclat ») « qui a l'éclat du jour. » — Les exceptions que ce principe paraît souffrir en sanskrit sont plus apparentes que réelles. Si un mot comme

---

1. Il en résulte que les deux termes du composé construits dans un rapport plus exactement semblable au rapport prédicatif pur et simple, se trouvent eux-mêmes moins étroitement unis, forment un tout moins indivisible. De là vient sans doute qu'en sanskrit, tandis que les autres composés sont généralement accentués sur la dernière syllabe quelle que soit l'accentuation des termes composants, les possessifs n'ont aussi qu'un accent sans doute, mais gardent du moins celui de l'un des deux termes, le premier.

antara « autre » se construit en composition après le substantif qu'il accompagne, c'est sans doute qu'il est considéré, non comme un adjectif déterminant ce substantif, mais comme un pronom déterminé par lui : *deçāntara* « un autre pays. » Il faut sans doute expliquer de même la construction des composés possessifs : *cintā-para* « qui a pour affaire principale la réflexion, » *mahendrādya* au nominatif pluriel *mahendrādyāḥ*, « (les dieux) qui ont pour premier le grand Indra, » *mātri-shashtha*, au nom. plur. *mātrishashthāḥ* « ayant pour sixième leur mère, » c'est-à-dire « eux cinq et leur mère. » Tous les prétendus adjectifs qui se construisent ainsi après le substantif sont des pronoms ou des mots de sens analogue qui avaient les mêmes droits que le substantif à être considérés comme le terme principal auquel l'autre est apposé.

Le second principe se vérifie dans les mêmes langues. Le mot régi précède le mot régissant dans quelque rapport qu'il lui soit uni : skr. *dharma-vid* « qui connaît le devoir, » *hricchaya-pīdita* « tourmenté par l'amour, » *nabhaç-cyuta* « tombé du ciel, *mahī-supta* « dormant sur la terre, » — gr. πυρφόρος « qui porte le feu, » θεόδοτος « donné par le dieu, » ἡμεροφαής « qui brille pendant le jour, » — lat. *aurufex* « qui façonne l'or, » *manufestus* « pris avec la main, » *terrigena* « né de la terre, » — goth. *fotu-baurd* « qui porte les pieds, escabeau, » *gasti-gods* « bon pour les hôtes, » — V. h. all. *haga-stalt* « placé dans une ferme, puîné, » par extension « célibataire » (all. mod. *hagestolz*).

Il est inutile de multiplier les exemples d'un principe si connu. Mais il faut dire un mot des rares exceptions qu'il peut souffrir. Ces exceptions ne se rencontrent, ni en latin, ni dans les langues germaniques. Car dans celles-ci les composés comme *tauge-nichts* « vaurien » ne sont pas des composés véritables, mais, comme tous les linguistes le reconnaissent après Grimm et M. Diez, des juxtapositions d'un impératif avec son régime, où cet impératif est construit le premier en vertu d'un principe que nous étudierons en temps et lieu. En latin les composés comme *versi-pellis*, où M. Weil croit observer un renversement de la construction ordinaire, sont en réalité des composés possessifs : *versipellis* signifie « qui a la peau variée ou changeante; » il est pour *versu-pellis* ou *verso-pellis* (Cf. *magnu-ficus* et *magni-ficus*). — En sanskrit les composés comme *drishta-pūrva* formeraient une exception véritable s'il fallait les interpréter avec Bopp (*Kritische Grammatik*, § 612) comme renfermant l'adverbe *pūrvam* « antérieurement » dépouillé de sa désinence. Mais peut-être doit-on ici regarder *pūrva* comme un pronom construit de la même manière qu'*antara* dans le composé cité plus haut, en sorte que le sens primitif de ce passage du Nala, I, 29 : *na' câsmâbhir drishta, pûrvas tathâvidhah* serait : « Et il n'y a pas d'ancien (personnage) vu par nous qui fût tel. » — En grec, les composés dont la construction paraît soulever des difficultés peuvent s'expliquer en partie de la même manière que le latin *versi-pellis*. M. Ad. Régnier dans son *Traité sur la formation des mots dans la langue grecque* (p. 460 et suivantes) considère comme des possessifs les composés tels que Φιλάδελφος « qui a son frère chéri, » Une telle interprétation pourrait en effet convenir à ce mot et à beaucoup d'autres du même genre, et elle peut seule rendre compte des composés comme κελευστ-άνωρ « qui a les hommes commandés. »

Restent les composés grecs comme φερέ-οικος, παυσί-νοσος, λαθί-πονος, et les composés sanskrits comme *Bharád-vája* « qui porte la nourriture, *nom propre*, » où le premier terme ne semble pas se prêter à l'interprétation du composé comme composé possessif. Grimm avait assimilé les composés grecs aux juxtaposés de l'allemand tels que *tauge-nichts*, et cherché pareillement dans leur premier terme une forme d'impératif. Nous serions tenté de reprendre cette interprétation, quoiqu'elle soit aujourd'hui généralement abandonnée. Nous le ferions pour deux raisons. L'une se rattache à toute une théorie sur la formation de l'impératif, que nous exposerons ailleurs [1], et d'après laquelle celles des formes de ce mode qui ne sont identiques, ni à des formes de subjonctif, ni à des formes d'imparfait sans augment, et particulièrement les différentes formes de la deuxième personne du singulier, seraient de simples thèmes de noms abstraits avec ou sans désinence casuelle, assimilables à des infinitifs. Un moyen s'offrirait ainsi de justifier la valeur impérative attribuée aux formes παυσι-, λαθι-, qui s'annoncent bien comme des thèmes de noms abstraits. L'autre raison est l'ordre même dans lequel se succèdent les termes de ces composés, ou plutôt, si l'interprétation de Grimm était admise, de ces juxtaposés, ordre qui s'expliquerait par l'usage très-ancien, comme nous le verrons, de construire l'impératif en tête de la proposition. On pourrait par analogie chercher dans le premier terme des composés sanskrits comme *Bharád-vája*, un subjonctif (à la troisième personne) employé dans le sens d'un impératif, ce qui justifierait de la même manière la dérogation au principe ordinaire de construction.

De quelque façon d'ailleurs que doive être résolue la question difficile soulevée par ces composés [2], nous croyons pouvoir clore.

---

1. Nous en avons donné une idée dans la *Revue critique*, 1873, I, p. 338.
2. Il paraît certain en tout cas que la coexistence de composés comme

ce chapitre en répétant après M. Ad. Régnier (*loc. cit.*, p. 463) que le principe de composition d'après lequel le mot déterminant doit précéder le mot déterminé est, même en grec, « beaucoup plus général qu'on ne le pense ordinairement, » et en ajoutant que la généralité de son application à deux termes quelconques, composés ou non, n'a pu être moindre à cette époque, antérieure à la création de la flexion, où la fixité de l'ordre syntactique était une condition absolue de clarté pour le langage. Nous en rappelons encore une fois la double formule : le terme qualifiant précède le terme qualifié et le terme régi précède le terme régissant.

CHAPITRE II.

LANGUE SANSKRITE.

La langue sanskrite est demeurée remarquablement fidèle dans la construction des mots indépendants aux deux principes de construction que nous venons de constater dans la composition. Cette fidélité toutefois est le propre de la prose. Dès l'époque du Rig-Veda, en vertu des libertés qu'entraîne toujours la versification, le qualificatif peut être construit après le terme qualifié et le génitif après le substantif dont il dépend, d'une part, et de l'autre l'adjectif ou participe régissant peut précéder le terme qu'il régit. Ces libertés s'étendent à la poésie de toutes les époques et il semble même qu'il en soit fait un plus grand usage encore dans la poésie classique où il serait difficile de reconnaître l'application d'aucune règle de construction. Elles ne s'étendent pas à la prose où, sauf de rares exceptions, depuis les *Brâhmaṇas* jusqu'au *Pancatantra* et aux ouvrages postérieurs, on voit les deux principes primitifs régulièrement et universellement appliqués. Au lieu de présenter ici des collections d'exemples auxquelles peut suppléer la lecture d'une page quelconque prise au hasard dans un ouvrage sanskrit en prose, nous donnerons par un autre moyen la preuve certaine que les hindous avaient conservé la conscience parfaitement nette des principes de construction primitifs.

Les principales œuvres de la littérature sanskrite ont fait l'objet de commentaires perpétuels composés à des époques diverses par les savants hindous. Or les scoliastes, au lieu d'expliquer les mots dans l'ordre, ou plutôt dans le désordre syntactique où les textes

δαμάσιππος et ἱππόδαμος, le dernier construit selon le principe ordinaire, contribua à faire perdre à la langue la conscience de ce principe et à multiplier les composés où le terme régissant précède le terme régi.

poétiques les présentent souvent, ont soin, comme les écoliers
français quand ils expliquent une phrase de Virgile ou d'Homère,
de *faire la construction*. C'est donc à eux que, dans cette première
partie de notre essai comme dans les deux autres, nous devrons
toujours recourir pour avoir le dernier mot sur les principes défi-
nitifs de la construction sanskrite. Nous emprunterons nos cita-
tions à deux commentaires de dates différentes. L'un est celui de
Sāyaṇa sur le Rig-Veda, et remonte au xiv° siècle de notre ère.
L'autre, composé dans ce siècle même, en 1802, est le commentaire
du *Bhāminī-Vilāsa*, recueil de sentences dont nous avons donné
une édition dans la Bibliothèque de l'École des Hautes-Études
(Paris, Franck, 1872) : nous le citons d'après le manuscrit
n° 1396 de la Bibliothèque de l'*India office* [1]. La construction est
identique dans l'un et dans l'autre, comme elle l'est dans les commentaires de toutes les époques.

L'usage de rétablir le qualificatif avant le terme qu'il qualifie
est si régulièrement suivi qu'il suffira de le constater dans deux
exemples : R. V. I, 2, 7, *dhiyam ghritācīm sādhantā*, commenté
dans cet ordre : *ghritam (udakam) ancati (bhūmim prāpayati) yā
dhīh (varshana-karma) tām ghritācīm dhiyam sādhantā (sādha-
yantau, kurvantau.)* — Bh. V. I. 2 : *palvala-jale' dhunā milad-
aneka-bhekākule*, commenté dans cet ordre : *adhunā (vishamakāle)
miladbhih (ekatra-sanghī-bhavadbhih) bhekaih (darduraih) ākule
(vyākule) palvala-jale (kshudra-tadāga-payasi)*.

Ce n'est pas que les commentateurs, et particulièrement Sāyaṇa
n'expliquent aussi très-souvent le qualificatif après le terme qualifié : mais c'est lorsqu'ils construisent d'abord la proposition avec
tous ses termes essentiels pour reprendre ensuite à part les qualificatifs d'un ou de plusieurs de ces termes qu'ils introduisent
sous forme de question : *kīdriçam*, etc. Dans cet exemple : R. V.
I. 1. 4. *agne yám yajnám adhvarám viçválah paribhúr ási —
sá íd devéshu gacchati*, le commentateur construit la période
entière en laissant de côté, pour le reprendre ensuite, le terme
adhvarám qu'il interprète, à tort du reste, comme un adjectif :
*he agne tvam yam yajnam viçvatah (sarvāsu dikshu) paribhūh
(paritah prāptavān) asi, sa it (sa eva yajnah) deveshu (triptim
pranetum svarge) gacchati*, et après diverses observations : *kīdriçam yajnam* « comment qualifié, ce sacrifice? » *adhvaram (himsā-
rahitam)*. On voit que cet usage des commentateurs, bien loin
d'infirmer ce que nous avons dit de leur fidélité au principe pri-

---

1. Notre raison pour choisir entre mille autres ce spécimen des commentaires les plus modernes, est que nous en avons une copie sous la main.

mitif de construction, le confirme au contraire, puisqu'ils ne s'écartent jamais de ce principe sans en avertir le lecteur, sans rappeler par une interrogation (*kîdriçam yajnam*) le terme déjà expliqué et *après* lequel aucune épithète ne pouvait plus être régulièrement attendue.

Mais quand l'adjectif ou participe accompagne un substantif au locatif et forme avec lui la locution que nous appelons locatif absolu, le rapport prédicatif subordonné qui existe d'ailleurs entre tout qualificatif et le terme qu'il qualifie doit, comme nous l'avons fait observer dans l'introduction, ressortir davantage, et la locution semble se rapprocher beaucoup d'une proposition véritable. Le sanskrit en ce cas renverse l'ordre de succession primitif. C'est un fait important à noter : nous verrons en effet dans la seconde partie que c'est par un renversement analogue que la plupart des langues de la famille et le sanskrit lui-même ont distingué de bonne heure le rapport prédicatif pur et simple du rapport prédicatif subordonné, et par suite la construction des propositions proprement dites de celle des termes complexes constituant seulement une partie de la proposition. La construction du locatif absolu est donc en sanskrit distinguée de celle des termes complexes et assimilée à celle de la proposition ordinaire. Un exemple emprunté à chacun de nos deux commentaires suffira pour constater cet usage qui est *constant*. Nous choisissons à dessein des textes où le participe précédait le substantif : R. V. I. 16. 3. *prayaty àdhvaré.* Commentaire : *adhvare (soma-yāge) prayati (pragacchati, prārabhya vartamāne sati.)* — Bh. V. I. 3. *maunam muncati kim ca kairava-kule.* Commentaire : *kim ca punah kairava-kule (kumuda-vrinde) maunam (lakshanayā mukulī-bhāvam) muncati (tyajati, vikasite satīti yāvat).*

Nous avons assimilé au qualificatif le génitif dépendant d'un nom appellatif. Les scoliastes hindous rétablissent toujours le génitif comme le qualificatif avant le nom dont il dépend : R. V. I. 1. 1. *agnim īle puróhitam yajnásya devám ritvijam. Yajnásya* dépend ici, croyons-nous, de *devám ritvijam;* mais Sāyana le rapporte à *puróhitam* et construit en conséquence : *yajnasya puróhitam.* — Bh. V. I. 3. *māne mānavatī-janasya sapadi prasthātu-kāme.* Commentaire : *manavatī-janasya (māninī-lokasya) māne (citta-samunnatau) prasthātu-kāme (gantum icchati sati).*

Passons au rapport de dépendance. Les scoliastes rétablissent régulièrement le mot régi avant le mot régissant : R. V. I. 6. 4. *dádhānā nắma yajnìyam.* Commentaire : *yajniyam (yajnārham) nāma dadhānāh (dhārayantah).* — Bh. V. I. 10. *udgirato yad garalam phaninah pushnāsi parimalodgaraih.* Commentaire :

*yâd (yasmâd dhetoh) garalam (khedam) udgiratah (vamatah)
phâninah sarpân,* etc. Ils ne font d'ailleurs aucune différence
entre les régimes qui portent directement sur le mot régissant, et
ceux qui sont accompagnés de prépositions. Quant aux prépositions elles-mêmes, quelques-unes se construisent, comme nous
le verrons dans la seconde partie, après le régime qu'elles accompagnent.

Ainsi donc, pour les termes unis par le rapport de dépendance
comme pour les termes unis par le rapport qualificatif, le sanskrit, en dépit des libertés de l'usage poétique, a gardé la conscience de l'ordre primitif, et l'a suivi en prose, particulièrement
dans la prose des commentaires, avec la dernière rigueur.

CHAPITRE III.

LANGUE GRECQUE.

Les principes de construction de la langue mère indo-européenne que nous a révélés l'étude des composés et que nous avons
retrouvés fidèlement observés dans la prose sanskrite, semblent,
au premier abord, oubliés dans la langue grecque. La construction
du qualificatif avant le terme qualifié et du régime avant le mot
dont il dépend, que M. Weil appelle la construction ascendante, y
est souvent remplacée par la construction inverse ou descendante,
et même par l'hyperbate qui sépare les deux termes l'un de
l'autre. Nous ne pouvons pas douter toutefois que la construction
ascendante ne soit la plus ancienne, et que par conséquent, au
point de vue historique, la construction descendante ne soit inversive. Reste à savoir si la langue a conscience de cette inversion.
Dans le cas de l'affirmative nous serions autorisé à dire qu'en
dépit de toutes les libertés de l'usage, la langue grecque n'a pas
perdu la tradition de la construction ancienne : car la conscience
de l'inversion implique nécessairement celle d'un ordre régulier,
c'est-à-dire d'une construction qui n'est pas nécessairement dominante, mais dont on ne s'écarte que pour de bonnes raisons,
et qu'on suit quand on n'a pas de motif particulier d'y renoncer.

Il est d'abord certain que la construction ascendante et la construction descendante correspondent à des nuances différentes de la
pensée. — Nous citerons à ce propos l'analyse très-juste, faite par
M. Weil (p. 63 et suiv.), des différentes combinaisons possibles
entre les deux termes χορός et διδάσκαλος dans le sens de « qui
instruit le chœur. » Il passe successivement en revue : 1° le com-

posé : χορο-διδάσκαλος; 2° l'enclavement : ὁ τοῦ χοροῦ διδάσκαλος;
3° la construction ascendante : τοῦ χοροῦ ὁ διδάσκαλος; 4° la construction descendante : ὁ διδάσκαλος τοῦ χοροῦ; 5° l'hyperbate où
les deux termes sont séparés par d'autres mots; et il ramène les
nuances qui peuvent être rendues par ces différents tours à des
degrés différents de liaison entre les idées exprimées par les deux
termes. Aux deux pôles opposés il place le composé et l'hyperbate.
Entre ces deux extrêmes il reconnaît à la construction qu'il
appelle enclavement, comme à la construction ascendante, la propriété d'exprimer une union plus étroite, et à la construction descendante celle d'exprimer une union moins étroite entre les deux
idées. Pour l'enclavement il semble que la chose aille de soi : il ne
faudrait pas cependant abuser de cette dénomination qui exprime
l'*effet* de la construction suivie plutôt que son *origine*. Il semble
probable que τοῦ χοροῦ n'a pas été intercalé après coup entre ὁ
et διδάσκαλος, mais que bien plutôt l'expression τοῦ χοροῦ διδάσκαλος
considérée comme formant une unité s'est fait précéder de l'article à la façon d'un mot simple. Cette construction n'est donc
qu'un cas particulier de la construction ascendante. Mais quelle
est la cause de la différence reconnue entre la construction ascendante et la construction descendante?

Celle que donne M. Weil est purement psychologique. Selon lui
(p. 54 et suiv.), la construction ascendante relie les deux termes
plus étroitement que ne peut le faire la construction descendante,
par ce fait seul qu'après un adjectif ou un régime l'esprit attend
avec impatience le mot auquel se rapporte l'adjectif ou dont le
régime dépend, tandis qu'entre un mot qui joue un rôle indépendant dans la phrase et celui qui le détermine l'attente est plus
calme, et une liaison rapide moins impérieusement exigée. Cette
doctrine renferme à coup sûr une part de vérité; mais nous dou-
tons qu'elle suffise à rendre compte de la différence signalée.

Si la construction ascendante avait *par elle-même* cette propriété
d'unir plus étroitement les deux termes, elle devrait l'avoir dans
toutes les langues, et particulièrement en français aussi bien qu'en
grec. Elle l'a en effet, comme nous le remarquerons plus loin
(ch. V) après M. Weil, dans la combinaison de l'adjectif avec son
substantif : mais c'est que dans ce cas elle est restée fréquente et
même dominante en français. Au contraire le complément avec la
préposition « de » jouant le même rôle que le génitif dans les
langues classiques donne lieu précisément à l'observation inverse.
Qu'on prononce les vers suivants du récit de Théramène :

> Des coursiers attentifs le crin s'est hérissé...
> De son sang généreux la trace nous conduit...

N'est-il pas évident que la construction ascendante a ici pour effet de détacher davantage le complément du terme dont il dépend? La césure n'y est pour rien comme on peut le voir par le vers suivant emprunté au début de la Légende des siècles, où dans la construction descendante les deux termes restent étroitement unis d'un hémistiche à l'autre :

> Le seul rugissement du tigre était plus doux...

Ou plutôt, par le fait même de cette étroite union, la césure semble supprimée dans le vers de Victor Hugo, tandis que l'union plus lâche des deux termes, effet de la construction ascendante, la laisse intacte dans les vers de Racine. Le complément est dans ceux-ci presque aussi détaché qu'il le serait par l'hyperbate :

> Triste objet où des dieux triomphe la colère...

Ainsi la construction ascendante qui, en grec, rattache plus étroitement le génitif au mot dont il dépend, l'en détache au contraire en français. C'est que la construction suivie par Racine est *considérée comme inversive* relativement à l'usage exclusif de la prose française, et c'est cette inversion qui a pour effet de détacher l'un de l'autre les termes que la langue *s'est habituée à unir dans un autre ordre*. N'y a-t-il pas lieu dès lors de se demander si l'effet constaté en grec n'est pas dû comme en français à la conscience d'une inversion, avec cette différence que l'inversion y serait la construction descendante, tandis que la construction ascendante représenterait l'ordre régulier? Nous savons déjà que cette construction est la plus ancienne, nous avons fait entendre qu'un ordre régulier n'est pas nécessairement un ordre exclusif ni même sensiblement dominant, et l'argument d'analogie tiré du français n'est pas sans valeur.

On objectera que l'analogie n'est pas complète puisque l'inversion est en français un fait vraiment exceptionnel, tandis qu'en grec elle serait très-fréquente. Comment donc aurait pu se maintenir la tradition de l'ordre régulier? Les composés nous paraissent fournir la réponse à cette question. L'ordre primitif s'y était maintenu dans la grande majorité des cas, les composés en général étaient très-nombreux, et, ce qui est le plus important, le grec avait gardé la faculté d'en former de nouveaux sur le modèle des anciens. M. Weil lui-même, dans l'analyse citée plus haut, comprend la composition au nombre des tours dont disposait la langue grecque pour unir deux mots dans le rapport possessif. N'est-il pas permis de croire que la construction du composé, soumise à un principe constant, restait la norme d'après laquelle on appréciait les autres, et relativement à χορο-διδάσκαλος par exemple, les tours ὁ τοῦ χοροῦ διδάσκαλος et τοῦ χοροῦ ὁ διδάσκαλος ne pouvaient-ils pas passer pour réguliers et le tour ὁ διδάσκαλος τοῦ χοροῦ pour inversif?

La conservation traditionnelle des principes anciens de construction dans la langue grecque semble d'ailleurs pouvoir être directement prouvée par un moyen analogue à celui qui nous a permis de retrouver les principes suivis par la langue mère indo-européenne. Après comme avant la création de la flexion casuelle, les mots souvent rapprochés les uns des autres ont eu une tendance à se souder plus ou moins complétement pour former une expression unique. La différence entre les locutions nouvelles et les composés proprement dits est que les termes dont elles sont formées sont tous fléchis : mais le fait même de leur soudure ne peut s'expliquer, comme pour les composés, que par la régularité avec laquelle, avant de contracter cette étroite union, ils se construisaient l'un devant l'autre. Le témoignage des *juxtaposés*, comme on les appelle quelquefois, peut donc fournir de précieuses données sur des principes de construction grammaticale qui dans la phrase cèdent fréquemment aux principes d'ordre purement logique, mais qui se laissent constater encore dans ces combinaisons rigides et soustraites à l'action dissolvante des termes environnants. Un savant dont notre école française de linguistique déplore aujourd'hui la perte, Francis Meunier, a consacré aux juxtaposés, qu'il nomme composés *syntactiques*, une étude qui a été insérée dans l'*Annuaire de l'Association pour l'encouragement des études grecques en France*, 6e année, 1872, p. 244-448. Nous renvoyons à ce travail en lui empruntant seulement quelques exemples à l'appui de chacun des points que nous cherchons à établir.

Nous reprenons l'ordre d'exposition déjà suivi dans les chapitres précédents, en commençant par la construction de l'adjectif avec son substantif. L'ordre ancien n'est interverti que dans un très-petit nombre de locutions citées par Meunier (p. 253 et suiv.) : Διὶ σωτῆρι, Ζεὺς ἀταβύριος, Ζεὺς ξείνιος, Ζεὺς πολιεύς; il est conservé dans l'immense majorité des cas : ὁ Ἀγαθὸς δαίμων, ἡ Νέα πόλις, ὁ ἐλεύθερος Κίλιξ, etc. Ce que nous avons dit plus haut du génitif s'applique d'ailleurs à l'adjectif épithète, et il faut remarquer en outre que l'épithète ressort d'autant plus qu'elle est plus détachée de son substantif. Il est donc aisé d'expliquer la construction après le substantif des adjectifs σωτήρ, ἀταβύριος, ξείνιος, πολιεύς, par l'intention de relever ces termes qui d'un même dieu Ζεύς font en quelque sorte autant de dieux distincts. Déjà la langue qui est restée la plus fidèle aux principes primitifs de construction, le sanskrit, nous a montré, dans le tour appelé locatif absolu, l'adjectif ou le participe renvoyé à la seconde place pour y prendre plus de relief. L'effet analogue produit en grec par le renversement de la construction primitive n'est nulle part plus sensible que dans un tour où l'article est redoublé devant l'épithète, ou exprimé pour la première fois à la même place s'il ne l'était pas déjà devant le nom, tour qui se retrouve même dans un petit nombre de juxtaposés : Λάρισσα ἡ κρεμαστή, Δάφνη ἡ μαινομένη.

Quant aux composés impropres ou syntactiques d'un génitif avec le mot dont il dépend, ils sont tous construits d'après le principe ancien : Ἑλλήσ-ποντος, ἁλός-ανθός, Διόσ-κούροι, μυόσ-ωτή, etc. (Cf. Meunier, p. 266 et suiv.)

Passons au rapport de dépendance proprement dit, c'est-à-dire à celui qui peut unir un adjectif ou participe avec ses régimes. La construction invariable du mot régi avant le mot régissant dans les composés syntactiques prouve également que la conscience du principe primitif n'était pas entièrement perdue dans le temps où ces locutions se sont formées. On peut consulter sur cette régularité de construction la longue liste dressée par Meunier (p. 309 et suiv.), à laquelle nous empruntons seulement quelques exemples : νοῦν-ἐχόντως, δαιδα-φορος, d'où le dérivé Δαιδαφόριος, ἑαυτον-τιμωρούμενος, χοα-χύτης, etc.

Certains de ces composés syntactiques présentent une préposition avant le régime ; la construction reste la même (*ibid.*, p. 399 et suiv.) : ἐμ-πυρ-ι-βήτης (homérique), ἐγ-χειρ-ι-θετός, etc.

Résumons-nous. Le grec, en dépit de toutes les libertés de l'usage, paraît avoir conservé plus ou moins longtemps la tradition d'une construction régulière. Nous en croyons voir la preuve, non-seulement dans ces juxtaposés où les principes anciens sont régulièrement observés, mais aussi dans les tours où ils sont intentionnellement violés, dans ceux qu'on soustrait à leur application pour produire un effet par l'inversion même. Il n'est guère douteux cependant que le sentiment de cette inversion ne se soit peu à peu effacé ; mais du moins peut-on admettre qu'il a déterminé le premier type, fixé la signification propre d'exceptions destinées d'ailleurs à se multiplier de plus en plus.

CHAPITRE IV.

LANGUE LATINE.

En latin comme en grec les faits de construction les plus significatifs au point de vue où nous nous plaçons dans cette étude,

sont ceux que nous emprunterons aux composés syntactiques.
Cependant la construction courante dans les plus anciens fragments en prose et dans César, c'est-à-dire chez l'auteur que nous
mettrons surtout à contribution pour établir dans la seconde
partie le type ordinaire de la proposition, peut aussi nous fournir
quelques données utiles.

Il faut d'abord mettre à part ces participes ou adjectifs accompagnés de compléments qui équivalent à des propositions subordonnées, et qui peuvent se construire indifféremment avant ou après le
mot qu'ils déterminent : César. *De bell. gall.* I. 17. *Tum demum
Liscus, oratione Cæsaris adductus, quod antea tacuerat proponit.*

Les ablatifs absolus, comme les locatifs absolus du sanscrit,
forment de véritables propositions participes, et l'interversion
de l'ordre primitif a pour effet d'y faire ressortir un rapport plus
décidément prédicatif entre les deux termes : César. *Ibid.* III. 4.
Secundis aliquot prœliis factis.....

Sous ces réserves, César a conservé encore assez fidèlement
l'ordre de succession primitif du qualificatif et du terme qualifié.
S'il construit l'adjectif après son substantif, ce n'est pas d'ordinaire sans une raison facile à découvrir. Quand il dit par exemple
(*ibid.* III. 9) : *Naves interim longas ædificari.... jubet,* il est clair
qu'il fait entre *longas naves* et *naves longas* la même différence
que nous ferions en français entre « de longs navires » et « des
navires longs ». Dans l'exemple cité d'ailleurs l'attention était
encore plus fortement appelée sur l'adjectif *longas* par l'hyperbate
consistant à le séparer de *naves* au moyen de l'adverbe *interim.*
Mais une construction analogue sans hyperbate se trouve au chapitre 13 du même livre : *clavis ferreis.*

Cette construction a prévalu dans certains juxtaposés dont les
éléments se sont réunis pour former un appellatif et on la
retrouve ainsi stéréotypée dans *Res publica, Populus romanus,*
et dans d'autres locutions où l'ordre de succession des termes
n'est guère moins constant : *res militaris, res frumentaria, ora
maritima,* etc.

Ce que le latin paraît distinguer surtout par la construction
ascendante et la construction descendante, c'est l'épithète qui ne
fait qu'exprimer une idée impliquée par celle du substantif, ou du
moins une idée non indispensable au sens particulier qu'on a en
vue dans la phrase, en d'autres termes l'épithète de nature ou
l'épithète descriptive, et la qualification qui donne au substantif le
sens précis qu'il doit avoir dans le cas donné, qui le tire en quelque sorte en dehors du *genre* qu'il exprimait, pour en faire la
désignation d'une *espèce,* ou du moins d'une catégorie à part. Il

laisse la première à sa place *ancienne*, tandis qu'il renvoie la seconde après le mot qualifié. Aussi trouve-t-on dans Caton l'adjectif placé bien plus souvent après qu'avant le substantif, surtout dans le *De re rustica*, non que cette construction fût la plus ancienne en latin, mais parce que le sobre écrivain n'emploie guère les adjectifs que pour restreindre un terme trop général : *De re rustica. 2. Vendat boves vetulos, armenta delicula, oves deliculas, ... plostrum vetus, ferramenta vetera, servum senem, servum morbosum.* Les adjectifs forment ici comme autant de propositions subordonnées : « Qu'il vende les bœufs *quand ils sont vieux*, etc. » — Pour en revenir au premier exemple cité de César, *longa navis* « un long navire », ce serait un navire qui, outre les autres propriétés générales d'un navire, aurait la qualité d'être long ; l'épithète serait dans ce tour purement descriptive : mais *navis longa* « un navire long », c'est un navire de l'espèce des longs, par opposition aux autres espèces, ce qui est bien différent. *Publica res* serait *une* chose publique, mais *Res publica* est *la* chose publique opposée aux intérêts particuliers.

L'intéressant pour nous, c'est qu'en latin comme en grec l'*inversion* de l'ordre *primitif* est toujours ce qui paraît faire *ressortir* le qualificatif. Le latin est même allé plus loin que le grec dans ce sens, puisque cette dernière langue a conservé la construction ancienne dans des juxtaposés où l'épithète a une grande importance : ὁ Ἀγαθὸς δαίμων, ἡ Νέα πόλις, etc. Ce n'est pas d'ailleurs que celle-ci ne se rencontre jamais en latin dans les mêmes conditions : l'expression *lātus clāvus* (Meunier, *loc. cit.* p. 263) prouve le contraire.

Le génitif, dans l'usage courant, se construit à peu près indifféremment avant ou après le terme dont il dépend. Mais dans les composés impropres formés par juxtaposition de termes fléchis il précède d'ordinaire (cf. Meunier, *ibid.* p. 299) : *Populi-scitum, aquæ-ductio, aquæ-ductus, aquæ-librator, aquæ-licium, aquæ-manāle, juris-consultor, juris-consultus, legis-doctor, legis-lator, legis-latio, plebis-scitum, Suis-montium, solis-dies, lunæ-dies,* etc. *Jovis-flamma, Jovis-flos, Veneris-capillus, Veneris-labrum, Veneris-pecten, Jovis-glans,* etc.

Cependant de très-nombreux juxtaposés présentent le génitif après le mot dont il dépend : mais ils appartiennent presque tous à la même catégorie. Ce sont les noms géographiques dans lesquels entre le mot *forum, Forum Julii, Appii, Claudii,* etc., ou le mot *portus, Portus Veneris.* Ces constructions sont de véritables inversions qu'il faut expliquer comme celle du qualificatif dans *Populus romanus.* Il est clair que dans l'appellation *Forum*

Julii, le terme important, celui sur lequel il faut attirer l'attention, est, non pas le nom *commun* de ville : *forum*, mais le nom *propre* de *la* ville : *Julii*.

Dans les juxtaposés dont les termes sont unis par le rapport de dépendance proprement dit, le mot régi précède toujours le mot régissant : *capite-censi*, *dulci-ore-loquus*, *jure-peritus*, *manu-factus*, etc.

C'est à une monographie sur la construction latine qu'il appartiendrait d'approfondir des questions que nous sommes forcé de traiter ici très-rapidement. Les observations qui précèdent suffisent cependant pour montrer qu'en ce qui concerne le sujet restreint de cette première partie, c'est-à-dire la construction des mots composant un seul terme complexe de la proposition, les faits sont à peu près les mêmes en latin qu'en grec. Nous en tirerons donc aussi les mêmes conclusions.

CHAPITRE V.

LANGUES ROMANES.

—

L'ordre de succession du qualificatif et du terme qualifié est le point sur lequel les langues romanes en général, et le français en particulier, ont le moins complètement rompu avec les habitudes de construction conservées encore en latin dans une certaine mesure. M. Weil (p. 56) fait justement remarquer qu'on prononce le *t* dans « un savant aveugle », quand « savant » est l'adjectif, et qu'on ne le prononce pas quand il est le substantif. Si donc, comme paraissent le prouver nos remarques sur la construction ascendante du génitif en français (p. 32), c'est principalement l'inversion qui a la vertu de détacher deux termes habituellement unis dans un autre ordre, nous pouvons conclure de l'observation précédente que pour le qualificatif et le terme qualifié c'est la construction ascendante ; c'est-à-dire la construction ancienne qui, en français comme en grec et en latin, est restée l'ordre régulier, en ce sens qu'il ne réclame pas par lui-même d'explication, et que *la construction inverse a seule besoin d'être expliquée.* Comme il est naturel d'ailleurs, on trouve la construction ancienne d'autant plus fréquente qu'on remonte plus haut dans l'histoire de la langue. M. Diez (*Grammaire comparée des langues romanes.* — Syntaxe. — Ch. IV. De l'ordre des mots) en fait l'observation ; et, dans une monographie : *De l'ordre des mots dans Crestien de Troyes* (Dresde. Teubner, 1875), M. Jules Le Coultre cite un cer-

tain nombre des adjectifs construits par ce poète avant le substantif, et qui se construiraient aujourd'hui après lui : *Un cortois
morz, de dure pierre*, etc. (p. 84). Enfin dans son *Traité de la
formation des mots composés dans la langue française* (Paris,
Franck, 1874), M. Arsène Darmesteter constate que la construction qu'il appelle aussi primitive domine très-sensiblement dans
les composés ou plutôt dans les juxtaposés de coordination
(p. 248).

Passons maintenant en revue les principes de construction
reconnus par M. Diez. Ce savant remarque que l'adjectif prend la première place quand il n'attribue à son substantif qu'une qualité de
peu de relief, exprimée d'une manière générale ou liée à l'idée même
de ce substantif, comme dans l'italien *alta montagna*, l'espagnol
duro hierro, le français *claire fontaine*, et qu'il prend au contraire
la seconde quand la qualité est de nature individuelle ou distinc-
tive, comme dans l'italien *abito verde*, l'espagnol *hombre mudo*, le
français *amande douce*. C'est, en d'autres termes, ce que nous
avons dit à propos de la construction latine, et des mêmes faits
nous proposons naturellement la même explication. Dans la première catégorie d'exemples l'ordre ancien est conservé parce qu'il
n'y a aucune raison d'y renoncer : on l'intervertit dans la seconde
pour faire ressortir [1] l'adjectif par le sentiment même de l'inversion. M. Diez pense que c'est l'accent qui exerce ici son influence ;
mais est-on certain que l'accent principal devait appartenir au
second mot plutôt qu'au premier? En tout cas un telle loi réclame-
rait elle-même une explication.

Nous n'insisterons pas sur les déplacements déterminés par des
raisons rhythmiques, c'est-à-dire surtout par la longueur relative
du substantif et de l'adjectif. L'histoire nous paraît perdre ici ses
droits. Mais la plupart des règles particulières posées par M. Diez
continuent à s'expliquer très-bien dans notre système. Plusieurs
ne sont que des applications de la règle générale déjà exposée, et
ne donnent lieu à aucune observation nouvelle. Nous relèverons
pourtant celle qui appelle après le substantif l'adjectif accompagné
de compléments, usage constant en français, ordinaire dans les
autres langues : l'adjectif déterminé lui-même par d'autres mots
est tellement en relief qu'ainsi que nous l'avons dit déjà à propos

1. M. v. d. Gabelentz (*Zeitschrift für Vœlkerpsychologie*, p. 158 et suiv.)
donne une interprétation analogue de la règle de M. Diez, à cela près que,
comme M. Weil dans son interprétation des effets de la construction ascendante ou descendante en grec, il néglige cette considération que la construction ascendante est l'ordre *ancien*. Pour lui, la construction de l'adjectif entre
l'article et le substantif est une *intercalation* (p. 162).

du latin l'ensemble équivaut tout à fait à une proposition subordonnée ; il est donc conforme à la règle générale que dans ces conditions l'adjectif soit placé après le substantif.

Les adjectifs dont le sens est déterminé par leur construction méritent davantage de nous arrêter. M. Diez fait remarquer d'abord que certains adjectifs, pris au sens propre, se placent après le substantif, et pris au sens figuré, le précèdent. Peut-être serait-il plus juste de présenter comme une nouvelle application de la règle générale les faits qu'il groupe sous ce chef[1]. Mais il est d'autres adjectifs qui changent réellement de sens selon qu'ils précèdent ou suivent leur substantif : ainsi en français « homme galant » et « galant homme », en italien « uomo galante et galant' uomo », en espagnol « hombre gentil » et « gentil hombre ». M. Weil fait au sujet de ces locutions une remarque très-juste (p. 55, note 1) : « Un brave homme », « un galant homme, » sont de » *vieilles* locutions qui font corps, presque autant que « prud'- » homme » et « gentilhomme ». Si l'adjectif prend un sens plus » précis et plus *moderne*, on dit : « un homme brave », « un homme » galant. »

Cette observation, qui n'a pas été faite en vue de notre système, s'y trouve entièrement conforme. M. Weil a été conduit dans ce cas particulier à proposer exactement l'explication que nous aurait suggérée la méthode d'interprétation historique suivie dans tout ce travail.

Dans la construction avec le substantif d'un autre substantif remplissant la fonction du génitif, M. Diez constate (p. 448) que l'italien et l'espagnol ont conservé des traces de l'usage primitif, même en prose : *de begli occhi i rai,* — *de su rostro la blancura,* tandis que le français n'en présente plus qu'en poésie où d'ailleurs, comme nous avons eu déjà l'occasion de le dire (p. 32), la construction ancienne produit l'effet d'une inversion. Dans les plus anciens monuments de la langue française la construction du génitif sans préposition avant le substantif se rencontre, non-seulement en poésie, comme dans la cantilène de sainte Eulalie : *li*

---

1. Dans « aveugle désir » opposé à « homme aveugle » l'adjectif ne précède pas parce qu'il est pris au figuré, car on pourrait dire aussi bien « désir aveugle » par opposition à un désir plus modéré, qui n'enlève pas à l'homme l'usage de sa raison ; mais le désir étant le plus souvent aveugle, le mot est là pris comme une épithète de nature, et pour cette raison construit le premier. Dans « noirs pressentiments » c'est la raison rhythmique qui a déterminé l'ordre de succession des termes : régulièrement, l'adjectif devrait suivre comme dans « idées noires », où il est également pris au figuré, et cela parce qu'il ajoute une notion essentielle à celle du substantif, qui sans lui reste indéterminé.

deo inimi, lo deo menestier, mais même en prose, comme dans le serment de Strasbourg : *pro deo amur.*

L'étude des composés impropres appartenant à différentes périodes montre assez bien le développement de la tendance qui a substitué peu à peu à la construction ancienne, déjà si souvent intervertie en latin, la construction régulière moderne du substantif avant le complément jouant le rôle de génitif. Dans les juxtaposés que M. Darmesteter rapporte à l'époque romane primitive (*loc. cit.* p. 44), le génitif précède généralement comme dans la plupart des juxtaposés latins. Dans ceux qui datent de la langue du moyen âge, dans les noms de lieux par exemple, le nombre de ceux qui suivent la construction ancienne comme Abbeville, est à peu près égal au nombre de ceux qui suivent la construction moderne comme Bourg-l'Abbé (*ibid.*, p. 49 et 51). Enfin dans les juxtaposés renfermant la préposition « de » le génitif suit toujours (*ibid.*, p. 52).

Il est possible que cet usage de la préposition ait été l'une des causes qui ont amené le triomphe définitif du principe nouveau sur le principe ancien. Du moins la double construction du génitif avec et sans préposition en anglais et dans les langues scandinaves, que nous signalerons dans le chapitre suivant, suggère-t-elle cette interprétation par un argument d'analogie. La préposition est devenue un terme de rapport qui unit les deux mots et qui en cette qualité doit avoir une tendance à se placer entre eux. Mais, fixée depuis longtemps devant le terme dépendant, elle ne pouvait occuper une pareille place que si celui-ci était construit après le terme dont il dépendait. A la vérité l'analogie du français avec les langues dont il vient d'être parlé est loin d'être complète. Il arrive même au contraire que dans Crestien de Troyes, d'après M. Le Coultre (p. 84), à l'exception des génitifs *autrui* et *Deu* (*Autrui avoir, La Deu merci*), les mots construits sans préposition dans la fonction du génitif suivent toujours le mot dont ils dépendent (*A la cort le boen roi Artu*, etc.), tandis qu'avec la préposition *de* ils peuvent le précéder en vertu de la liberté dont usent encore aujourd'hui les poètes. Cependant l'étude des juxtaposés, comme nous l'avons dit, prouve que le génitif sans préposition se construisait d'abord aussi souvent avant qu'après le mot dont il dépendait. Or c'est seulement le choix définitif, l'usage exclusif de la construction nouvelle, inversive par rapport à la construction primitive, qu'il s'agit d'expliquer, et il semble naturel de croire que l'avantage d'amener la préposition entre les deux termes qu'elle unit a contribué à le fixer. On comprendrait d'ailleurs que la construction fût demeurée plus libre avec la préposition qui ne laisse aucune place à l'équivoque, et qu'elle eût cessé de l'être sans ce terme de rapport, la flexion ne suffisant plus toujours à en tenir lieu. Mais les faits constatés par M. Le Coultre prouvent en tout cas que la construction nouvelle était déjà devenue à l'époque de Crestien de Troyes la construction régulière.

Les termes unis par le rapport de dépendance proprement dit se succèdent dans les langues romanes de telle sorte que le mot régissant précède régulièrement le mot régi. Cependant M. Diez constate (p. 449) que les substantifs régis par un adjectif le précèdent aussi quelquefois, soit en italien : *di riposo impaziente*, soit en provençal : *d'aver poderos*, soit en français : *de votre honneur jaloux*. Il faut ajouter pour le français que cette faculté est dans la langue moderne le privilége de la poésie. Elle s'étendait autrefois à la prose et nous relevons dans la Chrestomathie de M. Bartsch les tours : *lor joie faisant* (*Tristan*, xii\ siècle), *de Nicolete parlant* (*Aucasin et Nicolete*, xiii\ siècle). Chez le poète Crestien de Troyes, M. Jules Le Coultre (*loc. cit.* p. 86) constate que le complément précède l'adjectif dans l'immense majorité des cas : *de l'amende quites, de toz oie*, etc.

L'interversion de l'ordre primitif a sans doute pour cause, en partie, comme nous l'avons supposé pour le génitif, l'avantage de donner à la préposition la place qui lui convient le mieux entre les deux termes qu'elle met en rapport, en partie l'analogie de la construction des régimes avec le verbe personnel dont la modification peut s'expliquer par des raisons particulières comme on le verra dans la deuxième partie. Naturellement la seconde de ces considérations peut seule servir à expliquer la construction du régime direct avec un participe présent.

CHAPITRE VI.

LANGUES GERMANIQUES.

Dans les langues germaniques la construction primitive du qualificatif avant le terme qualifié s'est conservée avec la plus grande rigueur jusqu'à nos jours : l'allemand, l'anglais, les langues scandinaves, l'appliquent avec une égale régularité. Est-ce à dire qu'il n'y ait jamais eu dans l'histoire des langues germaniques aucune exception à cet usage ? Ce serait aller trop loin que de le prétendre. Il y en a eu et il y en a encore en poésie, et il y en a eu, même en prose, avant que l'usage littéraire eût généralisé de nouveau la construction primitive restée d'ailleurs toujours dominante.

La traduction de la bible en gothique par Ulfilas ne peut nous être d'un grand secours dans les questions de construction. C'est en effet une traduction d'une fidélité littérale et même servile : Ulfilas y suit exactement l'ordre de la construction du texte grec, et quand il s'en écarte une fois en passant, il y a toujours à se demander s'il n'a pas suivi une leçon différente de celle que nous connaissons. Mais il est des cas où on peut cependant le consulter avec fruit : ce sont ceux où il rend un seul mot grec par deux ou plusieurs mots gothiques. S'il suit dans la construction de ces mots un ordre fixe pour un rapport donné, il est permis d'en conclure que cet ordre était celui de la langue gothique elle-même. Nous avons fait le relevé des cas de ce genre pour tous les fragments de l'évangile de Mathieu et de celui de Marc, et pour les trois premiers chapitres de l'évangile de Luc, et il n'est pas probable qu'en poussant plus loin nos recherches nous eussions rien appris de nouveau sur les points principaux [1].

La seule exception que nous ayons ainsi rencontrée au principe de la construction de l'adjectif avant son substantif est la suivante : *Naudibandjom eisarneinaim* = Ἁλύσεσιν (Marc. V. 4.). C'est exactement la construction latine déjà relevée : *clavis ferreis*. Des faits analogues s'observent dans les anciens textes des différentes langues germaniques. Mais ils n'ont jamais suffi pour enlever à l'application du principe son caractère de généralité, en sorte que cette application a pu redevenir universelle quand l'usage littéraire eut définitivement fixé et réduit en règle les habitudes dominantes de construction. Il faut cependant remarquer encore que le participe *accompagné d'un régime* suit le substantif dans cet exemple (*ibid.*) : *Eisarnam bi fotuns gabuganaim*, « Fers liés aux pieds » = Πέδαις. L'inversion est fréquente dans le même cas en allemand et dans les autres langues germaniques modernes.

Pour montrer que la construction actuelle du qualificatif se rattache bien directement à la construction primitive indo-européenne, nous citerons d'abord les exemples de son application dans Ulfilas :

Mth. XXV. 41. *Af hleidumein ferai* (du côté gauche) = Ἐξ

---

1. Nous avons négligé le texte gothique connu sous le titre de *Skeireins* ou explication de l'évangile de Jean. Contrairement à l'opinion de son dernier éditeur, M. Ernst Bernhardt (*Vulfila oder die gotische Bibel*. Halle, Buchhandlung des Waisenhauses. 1875), nous pensons que ce texte sur l'origine duquel les germanistes sont loin d'être d'accord ne peut être qu'une traduction. Aux raisons que M. Bernhardt allègue pour en faire un texte original, nous opposerons un seul argument, mais qui, à notre point de vue, est décisif, à savoir la construction même. L'usage fréquent de l'hyperbate en particulier nous semble trahir avec évidence le calque d'un modèle classique.

— 43 —

εὐωνύμων. — *Marc.* XI. 12. *Iftumin daga* = Τῇ ἐπαύριον. —
Luc. II. 14. *Godis viljins* = Εὐδοκίας. — *Ibid.* II. 29. *Fraujinond
frauja* = Δέσποτα. — Il faut ajouter l'expression *Auhumistans
gudjans* = Ἀρχιερεῖς, employée à différents cas dans différents
passages : *Mth.* XXVII. 62, *Marc.* VIII. 31, XIV. 43, 47, 53, 55,
60, *Luc.* III. 2.

Pour l'anglo-saxon qui a donné naissance à l'anglais moderne
et duquel cette langue tient évidemment le principe absolu qu'elle
suit dans la construction du qualificatif, nous trouvons sur l'observation ancienne de ce principe les renseignements les plus précieux dans des traductions des évangiles en dialecte saxon et en
dialecte du Northumberland. Le qualificatif, souvent placé après le
substantif dans le texte latin de la Vulgate [1], est constamment
replacé avant lui dans la traduction quand il n'est pas accompagné
de régimes. Voici les exemples de ce fait que nous avons rencon-
trés dans les fragments reproduits par M. Max Rieger dans son
Alt-und angelsächsisches Lesebuch : Marc. chapitre I. 6. *Fellen
gyrdel* (Saxon), *Fellern gyrdils* (Northumbrien) = Zona pellicea.
— 8. *Hálgum gáste.* S. = Spiritu sancto. — 10. *Opene heofenás.*
S. = Cœlos apertos. — 11. *Min gelufeda sunu.* S, *Min leaf sunu.*
N. = Filius meus dilectus. — 16. *Galileiscan sœ.* S. = Mare
Galileæ. — 23. *On unclænum gáste.* S, *In unclæne gást.* N. = In
spiritu immundo. — 24. *Nazarenisca hælend.* S. = Jesu Naza-
rene. — 26. *Unclæna gást.* S, *Unclænæ gast.* N. = Spiritus im-
mundus. — 27. *Theós nive lár.* S, *Dius niua lár.* N. = Doctrina
hæc nova. — 40. *Gebîgedum cneóvum.* S. = Genu flexo.

Ainsi l'usage actuel de l'anglais repose bien, comme il était d'ailleurs difficile d'en douter, sur la conservation non interrompue du
type de construction primitif.

Il en est de même de l'usage identique des langues scandinaves, et l'on peut s'en assurer en lisant un morceau quelconque,
sinon de l'Edda en vers, où les libertés qui sont le privilége de la
versification se sont naturellement exercées, au moins de l'Edda
en prose. Dans un fragment, à la vérité fort court, de la Snorra
Edda que nous avons examiné en vue de ce travail (Dietrich.
Altnordisches Lesebuch. p. 181, l. 36, — p. 184, l. 12), nous
n'avons pas rencontré pour la construction du qualificatif une

1. C'est sur ce texte qu'ont été faites les traductions (William Smith. *A
dictionary of the Bible.* Londres, John Murray, 1863, p. 1665, 1711 et 1713).
Nous n'avons pu toutefois comparer directement la traduction en northumbrien au texte latin du manuscrit même qui renferme cette traduction
intralinéaire (Brit. Mus. *Cotton.* Nero D, IV, édité par Stevenson pour la
Surtees Society).

seule exception au principe. Voici des exemples de son application :
P. 482, l. 45. *Med fögrum skiöldum.* « Avec de beaux bou-
cliers. » — l. 46. *áfenginn miödr.* « Une puissante liqueur. » —
Ibid. Miök druckit. « Une abondante boisson. » — l. 49. *Frá mör-
gum tidindum.* « De maintes histoires. » — P. 483, l. 3. *Mikla
stöng.* « Une grande perche. » — l. 48. *At áquedinni stundu.*
« Au temps convenu. »

La preuve de l'ancienneté du même usage en vieux haut allemand nous sera fournie comme pour l'anglo-saxon par une traduction, celle de la lettre d'Isidore : *De nativitate domini*, en dialecte franc, datant du viiie siècle (Chrestomathie de Wackernagel,
p. 32) ; le qualificatif, dans les cas où il suivait son substantif
en latin, y est rétabli avec la plus grande régularité avant lui :

P. 32, l. 40. *Mit gareuuem bilidum* = Exemplis... adhibitis. —
l. 49. *Dhese chisalbodo got* = Iste deus unctus. — l. 25. *Dhen
chisalbodon got* = Deum unctum. — P. 34, l. 4. *Erino portun* =
Portas æreas. — *Ibid. Iisnine grindila* = Vectes ferreos. — l. 5.
Chiborgonun hort = Thesauros absconditos. — l. 46. *Aerloso
man* = Homo impius. — P. 36, l. 40. *Fona dhemu almahtigin
fater* = A patre omnipotente. — P. 38, l. 45. *Fona dhemu heile-
gin gheiste* = De spiritu sancto.

Cependant, dans toutes les langues germaniques modernes,
l'adjectif peut aussi se placer après le terme qu'il qualifie, mais
seulement quand il est accompagné d'un régime et forme ainsi,
comme nous avons eu déjà l'occasion de le remarquer, l'équivalent
d'une petite proposition subordonnée. La même liberté appartenait
aux langues germaniques anciennes, et nous en avons constaté
l'exercice déjà dans Ulfilas.

La construction primitive du génitif devant le terme dont il
dépend s'est longtemps maintenue dans les langues germaniques
comme celle du qualificatif; mais elle n'y est plus aujourd'hui
aussi universellement appliquée. C'est ce qui ressortira des observations suivantes.

Les renseignements que fournit Ulfilas sur la construction du
génitif ne sont ni bien nombreux, ni même, en apparence, bien
concluants. Nous trouvons le génitif construit le premier dans les
locutions suivantes traduisant un seul mot grec : Mth. V. 34. *Afstas-
sais bokos* = Ἀποστάσιον. — Marc XI. 48. *Gudjane auhumistans*
= Ἀρχιερεῖς. — XVI. 4. *Sabbate dagis* = Σαββάτου (cf. Luc.
VI, 2, 5, 7). — Dans l'exemple suivant un mot ajouté par le traducteur est construit après le génitif qui en dépend : Mth. X. 29.
Inuh attins izvaris viljan « Sans la volonté de votre père » =
Ἄνευ τοῦ πατρὸς ὑμῶν.

Mais voici d'autres exemples où le génitif suit : Luc. I. 70.
Fram anastodeinai aivis = Ἀπ᾽ αἰῶνος. — VI. 6. *In antharam-*
ma daga sabbato = Ἐν ἑτέρῳ σαββάτῳ.

Ces exceptions peuvent pourtant s'expliquer. Dans la pensée
d'Ulfilas les locutions *fram anastodeinai* et *antharamma daga* tra-
duisaient sans doute, la première le seul mot ἀπό, la seconde le
seul mot ἑτέρῳ, et c'est pour cela qu'en vertu de la règle qu'il
s'était imposée il les aura laissées entières devant les mots qui
traduisent αἰῶνος et σαββάτῳ au lieu d'y intercaler le génitif selon
l'usage germanique qui l'appelle avant le substantif dont il dépend.
La force de cet usage l'aura emporté au contraire dans l'exemple
précédemment cité de Mth. X. 29. — Dans la généalogie du Christ
(Luc. III. 23 et suiv.), le mot *sunaus*, construit toujours avant le
génitif, semble bien être là pour tenir la place de l'article τοῦ du texte
grec. En somme les cas où Ulfilas paraît violer le principe primitif de construction sont des cas douteux où son intention peut être
diversement interprétée, sauf un dernier pourtant où il est difficile d'expliquer la place du génitif : Luc. IV. 14. *And all gavi*
bisitande « Dans tout le pays des voisins » = Καθ᾽ ὅλης τῆς περιχώρου (cf. *ibid.* 37, avec l'adverbe : *Bisunjane landis* = Περιχώρου).

En revanche les exemples d'application du principe signalés
d'abord sont d'une parfaite netteté. La traduction du mot ἀρχιερεῖς
par les deux mots *gudjane auhumistans* « les premiers des prêtres » est particulièrement décisive, si on en oppose la construction à celle que suit Ulfilas quand il fait accorder le mot « premier »
avec le même substantif à la façon d'un qualificatif : *auhumistans*
gudjans (Mth. XXVII. 62 et *passim*, voir plus haut) « les premiers
prêtres ». Ce rapprochement ne peut guère laisser de doute sur le
principe reconnu par Ulfilas, tant dans la construction de l'adjectif qualificatif que dans celle du génitif.

L'anglo-saxon appliquait encore très-fidèlement le principe primitif à la construction du génitif. On peut s'en assurer par la
lecture des textes en prose qui nous sont restés de ce dialecte
ou plutôt des divers dialectes compris sous ce nom. Mais il ne
saurait y avoir de témoignage plus concluant que celui des traductions des évangiles en saxon et en northumbrien auxquelles
nous avons eu déjà recours pour établir la construction ancienne
du qualificatif. Le génitif y est régulièrement replacé avant le
terme dont il dépend quand il le suivait dans le latin de la Vulgate : *Marc.* 1. 1. *Godspellis angyn.* S. *Godspelles fruma.* N. =
Initium evangelii. — *Ibid. Godes sund.* S. *Godes sunu.* N. = Filii
Dei. — 3. *Clypiendes stefn.* S. *Cliopendes stefn.* N. = Vox cla-
mantis. — *Ibid. Dryhtnes veg.* S. *Drihtnes voeg.* N. = Viam

domini. — 4. *Dædbóte fulviht.* S. *Hreovnisses fulviht.* N. = Baptismum pœnitentiæ. — *Ibid. Synná forgyfenesse.* S. *Synna forgefnisse.* N. = Remissionem peccatorum. — 6. *Oluendes hærum.* S. *Camelles herum.* N. = Pilis cameli. — 7. *Sceónd thvangás.* S. = Corrigiam calceamentorum. — 14. *Godes ríces godspel.* S. *Godes ríces godspell.* N. = Evangelium regni Dei. — 15. *Heofend ríce.* S. *Godes ríc.* N. = Regnum Dei. — 16. *Galilæs sæ.* N. = Mare Galileæ. — 17. *Sávlá onfónde.* S. *Monna fisceras.* N. = Piscatores hominum. — 23. *Godes Hálga.* S. *Godes Haligvar.* N. = Sanctus Dei. — 28. *Galileæ lónd.* N. = Regionem Galileæ. — 29. *On Simonis and Andreas hús.* S. *In Symones hus and Andreæ.* N. = In domum Simonis et Andreæ. — 44. *Sacerdá ealdre.* S. *Sacerda aldor.* N. = Principi sacerdotum.

En anglais moderne le génitif *reste*, comme on sait, régulièrement construit devant le mot régissant. Mais la locution périphrastique qui remplace souvent le génitif et qui est composée de la préposition *of* et du mot construit aujourd'hui sans aucun reste de désinence, se place toujours après le mot dont elle dépend. On dit toujours avec la désinence *s* du génitif: *The queen's crown*, mais avec la préposition *of: The crown of the queen.* Nous avons déjà (p. 40) fait allusion à ce fait à propos de l'interversion dans les langues romanes de l'ordre de succession primitif du génitif et du mot dont il dépend. Ici du moins, on ne peut guère douter que l'emploi de la préposition ne soit la cause principale de la même interversion, puisque l'ordre primitif se maintient régulièrement quand la préposition n'est pas employée.

Cette explication paraît confirmée par la reproduction de la même distinction dans les langues scandinaves. Ces langues construisent le génitif avant le mot dont il dépend quand ce génitif reste exprimé par la désinence casuelle sans préposition. On dira par exemple en suédois : *Dessa lastens följder* « Ces conséquences du vice » (Gustaf Sjoborg. *Schwedische Sprachlehre.* 2ᵉ édition, § 249). Mais si l'on emploie la tournure périphrastique avec une préposition on place cette préposition avec le terme dépendant après le terme principal : *Upmärksamheten hos Talareus áhörare,* « L'attention de celui qui écoute le discours » (*ibid.*). Ces deux règles sont également appliquées en danois (Tobiesen. *Neue dänische Sprachlehre,* p. 117 et 119).

Nous devons toutefois faire observer que dans le fragment de la Snorra Edda déjà cité, le génitif sans préposition est souvent construit après le substantif régissant : P. 183, l, 6. *Vid kropp arnarins,* « Dans le corps de l'aigle ». — l. 7. *Hendr Loka,* « La main de Loki ». — l. 25. *Vid hvarf Idunnar,* « Par suite de la disparition d'Idun ». — l. 37. *Til thiassa iötuns*, « Vers la demeure du géant. »

Mais ce ne peuvent être là que des licences littéraires. La comparaison de l'anglo-saxon ne permet guère en effet de douter que la construction régulière du génitif avant le terme dont il dépend dans les langues scandinaves modernes ne se rattache également par une tradition ininterrompue, et sauf l'usage de certaines libertés auxquelles les idiomes modernes auront renoncé, au principe primitif indo-européen.

Dans les divers dialectes du vieux-haut-allemand la construction du génitif avant le terme dont il dépend s'est d'abord très-fidèlement conservée. Nous en avons une première preuve dans les *juxtaposés* de l'allemand moderne qui sont tous construits d'après ce principe. Tels sont : *Königs-berg*, *Kriegs-mann*, *Bäckers-frau*, *Königs-tochter*, *Kriegs-gott*, *Glücks-kind*, *Wirths-haus*, *Raths-herr*, *Todes-furcht*, *Hungers-noth*, *Wassers-noth*. Toutes ces locutions sont formées par la juxtaposition de deux termes dont le premier porte la flexion du génitif. Soudées dans les périodes historiques de la langue, ces combinaisons nous fournissent sur la construction des données analogues à celles que nous avons tirées des composés propres pour les périodes antéhistoriques, et les deux témoignages sont concordants. Dans d'autres combinaisons le premier terme est un génitif de la déclinaison faible : *Halmen-feder*, *Löwen-herz*, *Ochsen-fell*, *Trauben-saft*, *Schnecken-haus*, et dans d'autres cas c'est un génitif pluriel : *Bilder-dienst*, *Geister-beschwörung*, *Kinder-geschrei*. La formation de tous ces genres de juxtaposés remonte à travers le moyen-haut-allemand (*Ritters-kleid*, *Heldes-that*, *Gotes-gunst*, *Wîbes-stimme*, *Tifels-bote*, *Her-zen-not*, *Frauen-stimme*) jusqu'au vieux-haut-allemand où l'on trouve : *Hanin-fuoz*, « Pied de coq, plante », *Wolves-milch*, « Lait de loup », *Windis-prût*, « Fiancée du vent, tourbillon », *Franchônô-lant*, *Lancparto-lant*, *Vascono-lant*, etc.

Les juxtaposés nous fournissent donc déjà des renseignements précieux sur la conservation à travers les différentes périodes du haut-allemand, du principe qui réglait primitivement l'ordre de succession du génitif et du substantif dont il dépend. Nous avons des preuves directes du même fait. Il ne saurait y en avoir de plus frappante que l'attention des traducteurs à replacer au premier rang le génitif qui est souvent au second dans les originaux latins. Ici comme pour le qualificatif nous empruntons nos exemples à la lettre d'Isidore, *De nativitate domini* : P. 32, l. 18. *Mit freuuuidhu olee* = Oleo justitiæ. — 29. *In Cyres nemin* = Sub persona Cyri. — 33. *Chuningo hrucca* = Dorsa regum. — P. 34, l. 3. *Ærdriih-*

hés hruomége = Gloriosos terræ. — 8. *Israelo got* = Deus Israel.
— 12. *In Israhelo riihhe* = In regno Israel. — P. 36, l. 19. *Daui-
des sunu* = Filius David. — 24. *Iacobes got* = Dei Jacob. — *Ibid.*
Druhtines gheist = Spiritus domini (cf. p. 38, l. 17 et 21). — 27.
Uuerodheoda druhtin = Dominus exercituum (cf. l. 28, 36, p. 38,
l. 14). — 30. *Uuerodheoda got* = Deus exercituum. — 33. *Sines
augin sehun* = Pupillam oculi ejus. — 42. *After dheru sineru
gootnissa guotliihhin* = Post gloriam deitatis. — P. 38, l. 2.
Scalches farauua = Formam servi. — 5. *Siones dohter* = Filia
Sion. — 46. *Gotes gheist* = Spiritus Dei.

Il n'y a dans tout le morceau que trois exceptions, et elles peuvent s'expliquer. Dans cet exemple : P. 32, l. 15. *Rehtnissa
garda ist garde dhines riihhes* = Virga æquitatis, virga regni
tui, le traducteur paraît avoir eu en vue l'effet de la figure appelée
chiasme que les vieux poètes germaniques affectionnent singu-
lièrement, ainsi qu'on le verra dans la seconde partie. Cet autre :
P. 32, l. 8. *Almahtiga gotes chiruni dhera gotliihhun Christes chi-
burdi* = Christi divinæ nativitatis mysterium, — est plus grave,
puisque le traducteur y a changé l'ordre du latin pour s'affranchir du principe qu'il suit d'ailleurs si régulièrement : ce renversement paraît avoir été déterminé par l'accumulation des génitifs[1].
Enfin dans la troisième exception : P. 34. 8. *In dhemu nemin
Cyres* = In persona enim Cyri, — l'inversion semble destinée à
mettre en relief le génitif *Cyres* : l'article reparaît devant le mot
régissant qui n'en prend pas, non plus qu'en allemand moderne,
quand il est précédé du génitif.

En somme on ne peut guère nier d'après ce qui précède que le
principe primitif de construction ne fût encore en vieux-haut-
allemand d'une application à peu près universelle.

La construction du génitif avant le substantif dont il dépend
n'est pas demeurée générale en allemand moderne. Il peut se placer à volonté avant ou après, et dans le langage ordinaire il occupe
même le plus souvent le second rang. L'ordre ancien s'est surtout
conservé dans le style élevé. Quand la relation possessive, au lieu
d'être exprimée par le génitif, l'est par la préposition *von*, cette
locution périphrastique se place *toujours* après le mot dont elle
dépend. Nous retrouvons donc ici la même opposition qu'en

1. Dans la traduction en saxon et en northumbrien du premier chapitre
de l'évangile de Marc où nous avons vu d'ailleurs observé si exactement le
principe de la construction du génitif avant le mot dont il dépend, l'accumulation des génitifs a également empêché l'application rigoureuse de ce principe
au verset 1 : *Godspellis angyn hælendes Cristes*. S. *Godspelles fruma hæen-
des Crist*. N. = Initium Evangelii Jesu Christi.

anglais et dans les langues scandinaves entre le génitif sans préposition et le terme accompagné d'une préposition, jouant le rôle de génitif : mais nous la retrouvons moins tranchée, parce que l'allemand, plus fidèle d'ailleurs que les autres langues germaniques à la plupart des principes primitifs de construction, s'est ici écarté davantage de l'usage ancien, en rejetant le plus souvent au second rang le génitif, même sans préposition.

Il nous reste à dire quelques mots de l'ordre de succession des termes unis par le rapport de dépendance, quand le mot régissant n'est pas l'attribut de la proposition : ce dernier cas est réservé pour la seconde partie. Ulfilas construit très-régulièrement le mot régi avant le mot régissant, à l'exception du pronom réfléchi qu'il construit toujours après : Mth. IX. 22. *Gavandjands sik* = Ἐπιστραφείς (cf. Marc. VIII. 33. V. 30. — Luc. VII. 10). — Marc. II. 6. *Thagkjandans sis* = Διαλογιζόμενοι. — XIV. 54. *Varmjands sik* = Θερμαινόμενος (cf. 67. — Luc. VI. 18. *Hailjan sik* = Ἰαθῆναι.) — VII. 9. *Vandjands sik* = Στραφείς.

Nous reviendrons sur cette particularité que nous verrons, dans la seconde partie, se reproduire avec le verbe personnel. C'est du reste la seule violation du principe ancien qui est régulièrement appliqué dans les exemples suivants : Mth. V. 25. *Vaila hugjands* = Εὐνοῶν. — VI. 30. *Leitil galaubjandans* = Ὀλιγόπιστοι. — Marc. I. 40. *Knivam knussjands* = Γονυπετῶν. — XII. 4. *Stainam vairthandans* = Λιθοβολήσαντες. — 28. *Samana sokjandans* = Συζητούντων. — Luc. VI. 33. *Thiuth taujandam* = Ἀγαθοποιοῦντας (cf. Marc. III. 4, — Luc. VI. 9).

Toutefois ces exemples, s'ils étaient les seuls, seraient peu concluants, parce qu'Ulfilas n'a fait qu'y suivre en isolant les termes l'ordre des composés grecs. Les faits suivants sont plus instructifs : Mth. VIII. 2. *Manna thrutsfill habands* = Λεπρός (cf. Marc. I. 40). — Marc. 1. 32 *Unhulthons habandans* = Δαιμονιζομένους. — V. 4. *Eisarnam bi fotuns gabuganaim* = Πέδαις (cf. *Ibid. Tho ana fotum eisarna* = Τὰς πέδας. — IX. 36. *Ana armins nimands* = Ἐναγκαλισάμενος. — XV. 7. *Mith imma drobjandam* = Συστασιαστῶν. — Luc. I. 28. *Anstai audahafta* = Κεχαριτωμένη. — VI. 4. *Thaim mith sis visandam* = Τοῖς μετ ᾽αὐτοῦ. — VI. 12. *Naht thairhvakands* = Διανυκτερεύων.

Ainsi, autant que permettent d'en juger les maigres renseignements fournis par la traduction d'Ulfilas, la langue gothique plaçait de son temps, selon le principe primitif, le mot régi avant le mot régissant.

L'anglo-saxon suivait le même principe comme le prouveront les exemples suivants, tirés des traductions des évangiles déjà citées, où le mot régi, accompagné ou non d'une préposition, est rétabli avant le mot régissant quand il le suivait dans l'original de la Vulgate : Marc. I. 5. *Hyrá synná andettende.* S. *Hiora synno ondetende.* N. = Confitentes peccata sua. — 10. *Of thám vætere ástigende.* S. = Ascendens de aqua. — *Ibid. And on hym vunigende.* S. *And in dæm vunigende.* N. = Et manentem in ipso. — 14. *Godes ríces godspel bodigende.* S. = Prædicans evangelium regni dei. — 16. *Heorá nett on thá sæ lætende.* S. *Hiora hnetta in sæ sendende.* N. = Mittentes retia in mare. — 21. *On gesamnunge in gangende.* S. = Ingressus in synagogam. — 22. *Hig lærende.* S. *Hia lærende.* N. = Docens eos. — 26. *Hyne slytende and mycelre stefne clypiende.* S. *Bitende and micla stefne ofclioppende.* N. = Discerpens eum ..... et exclamans voce magna. — 40. *Hyne biddende.* S. = Deprecans eum. — 41. *Hyne æthrinende* S. = Tangens eum.

En anglais moderne le mot régi se place toujours après le mot régissant par une inversion de l'ordre primitif identique à celle qui s'est produite en français. Comme en français, le fait s'explique, pour le régime direct d'un participe présent, par l'analogie des régimes du verbe personnel dont la construction primitive a été également intervertie pour des causes que nous étudierons dans la seconde partie. Pour les régimes indirects, et pour ceux d'un participe où d'un adjectif quelconque, les mêmes causes ont pu concourir avec l'extension de l'usage des prépositions.

L'ordre de succession du mot régi et du mot régissant est, dans les langues scandinaves modernes comme en anglais, l'inverse de l'ordre primitif. Ce renversement devra naturellement s'y expliquer de même ; mais il est fort ancien, puisqu'il est déjà devenu la règle dans l'Edda en prose, ou du moins dans le fragment auquel nous avons jusqu'à présent emprunté nos exemples. Il faut pour retrouver l'application de l'ordre primitif remonter jusqu'à l'Edda en vers où cet ordre n'est d'ailleurs pas régulièrement suivi.

En vieux-haut-allemand le mot régi précède le mot régissant, par application du principe primitif encore fidèlement observé, ainsi que le montrent ces exemples empruntés à la traduction de la lettre d'Isidore : P. 34, l. 17. *Dher heidheno abgudim gheldendo* = Idolatriæ deditus. — l. 10. *Simbles fona dhemu fater chisendit* = Semper ab eodem patre missus. — P. 38, l. 12. *Fona uuerodheoda druhtine chisendit* = A domino exercituum missus. —Dans ces exemples, il est vrai, l'ordre des mots allemands est le même que celui des mots latins. Mais nous avons vu à propos de la construction du qualificatif et du génitif que le traducteur ne s'astreint pas dans ce morceau à suivre la construction du texte quand elle n'est pas conforme à celle que réclame le génie de sa propre langue.

D'ailleurs le même principe continue à être appliqué dans un grand nombre de cas en allemand moderne. On peut dire que sauf d'assez rares exceptions (*Ein Fass voll Wein*) les régimes sans préposition se construisent avant le mot régi : *Des Beistands bedürftig*, *Zehn Jahre alt*, *Armes lang*. Les régimes avec préposition peuvent aussi se construire avant : *Zur Milde geneigt;* mais ils semblent se placer plus souvent après : *Krank am Herzen, Gleich an Verdienst, Begierig nach dem Neuen*, etc. Ce penchant à placer après le terme régissant le régime accompagné d'une préposition serait une nouvelle analogie à l'appui de l'explication déjà proposée pour la distinction, observée en anglais et dans les langues scandinaves, entre le génitif sans préposition et la locution renfermant une préposition qui peut en tenir lieu.

Comme on l'a vu, les langues germaniques offrent un exemple frappant de la fidélité avec laquelle les principes de construction auxquels obéissait la langue mère indo-européenne ont pu se conserver traditionnellement à travers une longue suite de siècles : elles semblent fournir un argument sérieux en faveur de la méthode d'interprétation suivie dans cet essai.

DEUXIÈME PARTIE.

DE L'ORDRE DES TERMES ESSENTIELS DE LA PROPOSITION.

CHAPITRE Ier.

CONSIDÉRATIONS GÉNÉRALES SUR LES TYPES DE CONSTRUCTION PRIMITIFS.

—

Dans les différentes sections de ce premier chapitre, et selon un ordre que reproduiront les trois chapitres suivants, nous chercherons à expliquer l'origine des types de construction primitifs. Nous en constaterons ensuite l'application en sanskrit, en grec, en latin et en une certaine mesure aussi dans les langues germaniques ; l'étude de ces dernières sera renvoyée toutefois avec celle des langues romanes après un nouveau chapitre, le cinquième, consacré à des considérations générales sur la transformation des types primitifs qui a produit les constructions modernes. Ce plan nous a paru indiqué par les conditions toutes particulières d'un sujet où la constatation même des faits est souvent matière très-délicate. Ces faits se résumant d'ordinaire, non en une application exclusive, mais en une simple prédominance de certains types de construction, n'apparaissent dans toute leur importance et n'ont chance de s'imposer à l'attention que par la place même qu'ils occupent dans l'ensemble du développement que nous essayons de retracer.

SECTION I.

Construction du sujet, de l'attribut et des régimes de l'attribut.

L'attribut pouvant n'être accompagné d'aucun régime, nous nous en tiendrons d'abord à la forme la plus simple de la proposition, à celle qui contient uniquement un sujet et un attribut.

Dans la première partie, les composés nous ont fourni les modèles antéhistoriques de la construction. On a vu notamment que le rapport sous-entendu dans les composés qualificatifs est identiquement le même que le rapport qui peut être exprimé par la flexion casuelle entre deux mots séparés dont l'un qualifie l'autre. Mais il ne s'agit plus maintenant d'un simple rapport qualificatif. Le principe que nous voudrions dégager est celui qui réglait l'ordre de succession primitif d'un attribut et d'un sujet composant à eux seuls une proposition. Il est vrai que le rapport qualificatif n'est autre chose qu'un rapport attributif ou prédicatif *subordonné*. Cependant nous avons remarqué que les langues même les plus fidèles au principe qui appelle le qualificatif avant le terme qualifié, y dérogent précisément quand les deux termes prennent ensemble un rôle plus indépendant dans la phrase, et qu'en particulier le sanskrit, dans le tour connu sous le nom de locatif absolu, place le terme qualifié avant le qualificatif. Cette construction n'est d'ailleurs dans la même langue qu'un calque de celle de la proposition proprement dite où le sujet précède ordinairement l'attribut. Le rapport prédicatif pur et simple a donc été à un certain moment distingué, quant à l'ordre de succession des termes, du rapport prédicatif subordonné. Sans doute cette distinction peut n'être pas primitive, et nous verrons qu'elle ne l'est pas en effet. Mais pour prouver que dans la proposition indo-européenne l'attribut a d'abord précédé régulièrement le sujet, l'analogie imparfaite des composés qualificatifs ne peut suffire, et il faut chercher dans une autre partie de la *syntaxe intérieure* le modèle d'une proposition véritable.

En effet, cette syntaxe qui n'exprime le rapport des termes entre eux par aucune flexion, mais qui l'indique par la place ordinairement invariable qu'elle leur assigne, n'est pas appliquée seulement dans la composition : elle l'a été bien plus anciennement encore dans la création des formes organiques de nos langues où la racine verbale précède régulièrement la racine pronominale, où un nouveau suffixe ne s'ajoute jamais qu'à la suite du thème primaire. Nous ne nous arrêterons pas à la déclinaison qui paraît n'être qu'une application particulière de la dérivation (et peut-être aussi de la formation primaire. Cf. *Mémoires de la Société de Linguistique*, vol. II, p. 358). Nous n'insisterons pas non plus sur la dérivation proprement dite où la construction du suffixe après le thème primaire est d'ailleurs conforme aux principes suivis dans la composition, si dans un adjectif comme δημό-σιο- « public », par exemple, les deux éléments δῆμο- et -σιο doivent être considérés comme unis par le même rapport que les deux termes du composé οἰκο-φύλαξ « gardien de la maison », en sorte que la traduction étymologique du dérivé serait « celui du peuple. » Restent la formation primaire et la conjugaison.

Les thèmes peuvent être conjugués aussi bien que les racines nues; mais les formes comme le sanskrit *bodh-a-ti* « il sait » paraissant avoir été créées d'après l'analogie des formes comme *vet-ti* (même sens), il nous suffira d'analyser les dernières, c'est-à-dire celles qui sont composées uniquement de la racine renforcée ou non, et de la désinence personnelle. En même temps que ces formes nous aurons à considérer celles qui ne comprennent également avec la racine qu'un seul thème pronominal, mais où ce thème a la fonction d'un simple suffixe, c'est-à-dire les thèmes de formation primaire comme le sanskrit *dhrish-nu* « hardi » susceptibles d'être ensuite déclinés (*dhrish-nu-s* nom. sing.) ou conjugués (*dhrish-no-ti*) 3ᵉ pers. sing. « il est hardi, il ose. »

On oppose ordinairement les deux catégories de formes représentées par *vet-ti* et *dhrish-nu*, en rapportant les unes au verbe et les autres au nom. Mais le terme de « nom » prête à une équivoque que, pour l'intelligence de la discussion qui doit suivre, il importe de dissiper tout d'abord.

Si l'on n'envisage que la forme des mots que nous appelons aujourd'hui des adjectifs ou des participes, on ne peut hésiter à les séparer du verbe pour les rapprocher du nom substantif. L'usage est même dans les grammaires scientifiques de les réunir à lui sous l'appellation générale de noms ou formes nominales. Si au contraire on envisage la fonction des mêmes mots on se trouve immédiatement conduit à une classification toute différente. Nous avons déjà fait observer dans l'introduction que les idées exprimées par le langage peuvent se ramener à deux grandes classes, phénomènes et objets, et nous avons ajouté que les phénomènes sont exprimés par le verbe personnel, par des adjectifs, par des participes ou même par des noms substantifs abstraits, et que les objets sont désignés par des pronoms ou exprimés par des substantifs appellatifs. Si donc nous laissons de côté les substantifs abstraits pour nous en tenir aux catégories grammaticales concrètes, nous voyons qu'au point de vue de la fonction ces catégories peuvent être ramenées à deux groupes comprenant, l'un les pronoms et les substantifs appellatifs, l'autre les adjectifs et les participes en même temps que le verbe personnel.

L'opposition des substantifs appellatifs aux participes et aux adjectifs n'est d'ailleurs pas un fait primitif. La fonction qui appartient aujourd'hui aux premiers est une fonction acquise. Tout appellatif a été d'abord un adjectif, revêtu comme tel d'une fonction analogue à celle du verbe, c'est-à-dire exprimant une qualité ou une action dans un sujet, mais à l'exclusion de toute autre qualité ou de toute autre action. Essayons d'analyser la transition d'une fonction à l'autre dans un adjectif qui devient un substantif appellatif. Il cesse d'exprimer une qualité ou une action pour elle-même, et ne l'exprime plus qu'en tant qu'elle peut servir à désigner un objet ou une classe d'objets possédant cette qualité ou accomplissant ordinairement cette action. Il désigne en réalité l'objet lui-même, sans suggérer nécessairement l'idée de la qualité ou de l'action qui a servi à le désigner et qu'il exprimait originairement. Il continue à désigner l'objet quand bien même celui-ci perdrait cette qualité, ou cesserait d'accomplir ordinairement cette action. Enfin il suggère implicitement toutes les autres qualités que peut posséder, toutes les autres actions que peut accomplir d'ordinaire l'objet dont il est devenu l'appellation. Ces observations peuvent être vérifiées sur un appellatif quelconque, par exemple sur le nom du cheval *açva*, ἵππο-ς, *equu-s*, dont le sens primitif a dû être « rapide. » L'oubli de ce sens primitif est souvent si complet qu'on ne peut le retrouver que par conjecture, et que les appellatifs sont, avant tous les autres mots, ceux dont il faut *chercher* l'étymologie. Ils ont échangé leur rôle attributif contre un rôle indicatif assez analogue à celui des pronoms, en sorte qu'historiquement, et à ne considérer que le développement successif du langage, ce ne sont pas les pronoms qui remplacent le nom, mais au contraire les noms, du moins les substantifs appellatifs, qui remplacent dans la fonction indicative les thèmes démonstratifs, lesquels n'en ont jamais eu d'autre.

En effet, à l'origine du langage indo-européen, le dualisme logique de la qualité et de la substance se traduit par le dualisme des racines verbales et pronominales. Les thèmes pronominaux désignent les objets comme pourrait le faire un geste, les racines verbales expriment les phénomènes. Ce n'est pas à dire que les racines verbales ne puissent, même avant de se combiner avec les thèmes pronominaux, désigner un objet; mais au début elles ne le désignent qu'indirectement, ou si l'on veut, occasionnellement, comme exprimant l'une des qualités de cet objet à l'exclusion de toutes les autres. La combinaison des mêmes racines avec les thèmes pronominaux ne change rien d'abord à ces fonctions primitives. Si certains thèmes deviennent de purs appellatifs, c'est par un progrès du langage, par un oubli du sens primitif qui n'a pu se produire que graduellement. Il n'y a pas d'ailleurs, quant à la contexture matérielle des thèmes, une catégorie spéciale du nom appellatif. Les mêmes suffixes se rencontrent dans cette catégorie et dans celle de l'adjectif. Tout appellatif, avons-nous dit déjà, a été d'abord un adjectif. Le dualisme des formes verbales, composées d'une racine verbale et d'une désinence personnelle, et des formes dites nominales, composées d'une racine verbale et d'un suffixe, se ramène donc en dernière analyse, non à l'opposition radicale du verbe et du nom substantif, mais à la distinction beaucoup moins tranchée du verbe et de l'adjectif.

Voyons donc quelles sont les différences essentielles entre l'adjectif et le verbe. Le premier seul peut être pris substantivement, c'est-à-dire être employé à désigner un objet, soit d'une façon passagère, soit à titre définitif, auquel cas il devient un appellatif. Le second seul peut tenir lieu d'une proposition complète, c'est-à-dire être construit sans un sujet distinct. Enfin, si tous les deux peuvent être construits comme attributs d'un sujet, le verbe seul a des formes réparties entre les trois personnes, tandis que l'adjectif peut être l'attribut d'une personne quelconque. Ces différences sont-elles assez profondes pour nécessiter une interprétation différente du rapport qui unit le thème pronominal à la racine dans le verbe et dans l'adjectif ? C'est ce qu'il nous faut maintenant examiner.

M. Curtius sépare entièrement ce qu'il appelle la formation verbale primaire de la formation des thèmes. Prenant pour exemple (*Chronologie*, tr. fr., p. 61) la troisième personne du singulier du verbe « donner » qu'il restitue sous une forme primitive *dā-ta* (d'où *dā-ti*) et le participe passé passif tiré de la même racine qui serait régulièrement *dā-ta*, il les considère comme renfermant le même élément pronominal, mais rapporte les deux combinaisons à deux tendances différentes et à deux efforts successifs du langage.

Tout d'abord il identifie sans hésitation la forme personnelle à une petite proposition dont la racine était l'attribut et la désinence le sujet. « La combinaison des éléments », dit-il, « est ici prédicative. Il se forme ainsi une petite phrase, le modèle encore nu de toutes les phrases dont la formation ultérieure, se diversifiant peu à peu, était chose relativement facile si on la compare à la création de cette phrase primitive. »

L'interprétation des formes thématiques dans le même passage semble manquer un peu de clarté. M. Curtius propose pour le participe *dā-ta* la traduction étymologique « donner là », c'est-à-dire, ajoute-t-il, « le don, le donné là. » Or si on laisse de côté la différence de voix qui est ici hors de cause, il semble que l'interprétation admise pour *dā-ta* « il donne », à savoir « donner-lui » est parfaitement applicable à *dā-ta* « donné » qu'on peut traduire « être donné-lui », ou « -celui-ci », ou « -celui-là. » Nous n'aurions d'ailleurs aucune objection contre la traduction « être donné-là, » mais sous le bénéfice des explications suivantes. Etant admis qu'à l'origine du langage indo-européen, les racines que nous appelons verbales exprimaient les phénomènes, et que les thèmes pronominaux indiquaient la limitation du phénomène à tel ou tel point de l'espace, on peut trouver dans un adverbe tel que « là » la représentation assez exacte de ce rapport. Mais il reste à savoir si dans notre mot *dā-ta* donné, ce « là » désignait vaguement une partie de l'espace où avait lieu le don, et non pas plutôt le point précis où l'action de donner se manifestait, c'est-à-dire dans le cas présent l'objet donné, comme dans *dā-ta* « il donne » le pronom *ta*, qu'on le traduise « là » ou « il », désignait, de l'avis de M. Curtius lui-même, la personne qui donne. Dans la seconde hypothèse le « là » aurait été une sorte de sujet[1] ou tout au moins de terme qualifié, comme « lui » ou « celui-là », et à ce point de vue il nous paraîtrait indifférent d'employer l'un ou l'autre de ces mots pour traduire les formes primaires. Nous hasarderions pour nos propres exemples *vet-ti* et *dhrish-nu* les traductions « savoir-là, » « oser-lui » sans plus de scrupule que celles-ci « savoir-lui, » et « oser-là, » en ajoutant que la distinction de « là » et de « lui » est sans objet pour la période primitive que nous avons en vue. Mais si l'on donne à « là » le sens qu'il a pris par opposition à « lui », nous ne voyons pas pourquoi la traduction « oser-là » conviendrait mieux à la seconde forme que « savoir-là » à la première. Il est bien peu vraisemblable en effet que l'expression d'une simple circonstance de lieu se soit introduite dans la constitution des formes organiques primitives, de préférence à la désignation de l'être ou de l'objet qui fait ou qui subit l'action déclarée par la racine verbale. Le thème pronominal exprimant cette circonstance de lieu eût d'ailleurs été avec la racine dans le rapport de mot régi à mot régissant. Or la construction des composés de dépendance ne nous a, il est vrai, révélé l'ordre de succession des termes

---

1. C'est l'objet de l'action qui joue dans le langage le rôle de sujet quand l'agent est hors de cause (cf. Introduction, p. 14).

5

unis par ce rapport que pour une période nécessairement postérieure à celle de la formation primaire ; mais il n'irait pas pourtant sans quelque difficulté d'admettre que dans celle-ci l'ordre des éléments ait été réglé d'après un principe diamétralement contraire. Même en négligeant l'argument tiré de créations plus récentes, il faudrait encore tenir compte de ce fait qu'à l'origine le langage n'avait guère à sa disposition comme moyen d'exprimer le rapport des termes entre eux que l'ordre dans lequel ces termes se succédaient : comment donc n'en eût-il pas usé pour distinguer deux combinaisons aussi différentes que le seraient la forme personnelle et l'adjectif ou participe si le thème pronominal était, dans celle-là le sujet de la racine, et dans celui-ci une sorte d'adverbe dépendant de cette racine ?

Aussi bien la discussion qui précède n'avait-elle d'autre objet que d'écarter la possibilité d'un malentendu sur le sens de l'adverbe « là » dans la traduction « donner là » proposée par M. Curtius pour le participe passé passif *dā-ta*. La véritable pensée du savant linguiste paraît devoir être plutôt cherchée dans un autre passage (tr. fr. p. 70) où il assimile à un article le pronom qui s'ajoute à une racine pour former un thème nominal, en ajoutant que la racine avait dû prendre déjà avant l'agglutination la fonction nominale que le pronom-article fait seulement ressortir davantage. A la vérité, les termes employés soulèvent encore des objections. Celui de fonction nominale nous a paru prêter à une équivoque, et si cette équivoque est ici dissipée par l'idée de l'adjonction d'un article, elle l'est, selon nous, dans le mauvais sens. La fonction de substantif que suppose le terme d'article n'est en effet, ni la fonction unique, ni même la fonction primitive des thèmes dits nominaux, au moins des thèmes nominaux à sens concret auxquels nous bornons nos observations [1]. L'essentiel est toutefois pour nous que M. Curtius reconnaisse dans le suffixe une désignation de l'objet exprimé par la racine quand cette racine est devenue un nom substantif : car avant cette transformation il devait désigner l'objet auquel appartenait la qualité exprimée par la racine. D'après cela le pronom *nu* aurait joué primitivement dans le thème *dhrish-nu* à peu près le même rôle que le pronom *ti* dans la forme personnelle *vet-ti*. Tout au plus pourrait-on pré-

---

1. Il est vrai que M. Curtius prend précisément pour exemples des noms abstraits, mais sans insister sur la distinction de l'abstrait et du concret. Le nom abstrait devrait faire l'objet d'une étude distincte. Il semble que le thème pronominal ait cessé d'y désigner un agent déterminé, par une modification du sens démonstratif primitif analogue à celle qui a transformé à l'état isolé un certain nombre de thèmes en pronoms indéfinis :

tendre que dans *dhrish-nu* le rapport prédicatif qui unit les deux
éléments est subordonné, et que les formes comme *vet-ti* doivent
seules être assimilées à des propositions complètes par elles-
mêmes. La traduction étymologique de *dhrish-nu* serait donc
« celui qui ose. »

S'il en était ainsi, les formes dites nominales ne feraient que
confirmer pour une période plus reculée le principe de construction qui nous a été révélé par l'étude des composés, en nous montrant dans la racine précédant le thème pronominal un qualificatif
construit avant le terme qu'il qualifie. Mais les formes personnelles du verbe nous apprendraient en tout cas que le même principe a été appliqué, dès l'origine du langage indo-européen, à la
construction d'un attribut principal et de son sujet. Or c'est là en
somme tout ce qu'il nous importe d'établir.

Il ne semble pas, toutefois, qu'une telle distinction entre les
formes comme *dhrish-nu* et les formes comme *vet-ti* ait rien de
nécessaire. La subordination qui transforme le rapport prédicatif
en un rapport qualificatif ne peut se produire que dans la phrase,
par opposition à un rapport prédicatif pur et simple. Or, si dans
les formes nominales devenues des substantifs appellatifs le rapport prédicatif des deux éléments est subordonné, si *aç-va* « cheval » par exemple a dû signifier d'abord « celui qui est rapide »,
il n'en est pas de même des formes nominales restées des adjectifs
quand elles sont employées comme attribut principal d'une proposition. Ainsi le thème *dhrish-nu* « hardi », sous sa forme antéhistorique *dhars-nu*, rapproché du thème *aç-va* « cheval » sous sa
forme antéhistorique *ak-va*, devait composer avec lui une sorte de
période comprenant deux propositions dont l'une *ak-va* était
subordonnée, mais dont l'autre *dhars-nu* était principale. Cette
période (qu'on pourrait traduire « celui qui est rapide, celui-là est
hardi ») est devenue par la transformation de *ak-va* en un
appellatif sujet et de *dhars-nu* en un adjectif attribut, une proposition simple « le cheval est hardi ». Nous savons d'ailleurs que la
différence entre *aç-va* et *dhrish-nu* est le résultat d'un développement successif du langage, et que tout ce qui est vrai du second
l'est aussi du premier dans son acception primitive. La subordination du rapport prédicatif qui unit les deux éléments des formes
dites nominales est donc, dans les substantifs appellatifs comme
dans les adjectifs, un fait secondaire. Elle n'est pas inhérente au
procédé de formation puisque certaines de ces formes dans les
périodes historiques de nos langues, et toutes à l'origine, étaient
susceptibles d'un emploi qui paraît impliquer la conception d'un
rapport prédicatif pur et simple entre la racine et le thème pro-

nominal. Il semble donc que les formes nominales peuvent servir aussi bien que les formes personnelles à prouver que, dans la période d'organisation des langues indo-européennes, l'attribut principal précédait régulièrement le sujet.

D'autre part, nous tenons essentiellement à rendre l'interprétation des formes personnelles, et leur assimilation à de petites propositions complètes, indépendante de théories qui, pour avoir été longtemps admises, n'en semblent pas moins très-contestables. D'après ces théories les thèmes pronominaux dont se composent les désinences auraient été, déjà avant leur agglutination aux racines verbales, distingués comme pronoms des différentes personnes, et la formation du pluriel et du duel reposerait sur le doublement du pronom sujet. Nous laissons de côté les formes qui paraissent contenir deux éléments pronominaux, comme provenant peut-être d'une dérivation, et nous ne considérons que les plus simples, celles du singulier actif, dont le caractère primaire ne saurait guère être contesté. Mais dans ces formes mêmes, par exemple dans *ved-mi*, *vet-si*, *vet-ti*, on comprendrait aisément que les désinences *mi*, *si*, *ti*, ne fussent devenues que par une répartition plus ou moins tardive les équivalents des pronoms sujets « je, tu, il, » et en fait celle de la seconde personne *si* paraît n'avoir aucun rapport avec le pronom *tva*. Ce ne serait pas toutefois une raison de douter que ces désinences n'aient été dès l'origine des sujets dont la racine verbale était l'attribut. Elles pouvaient remplir cette fonction avant d'être réparties entre les différentes personnes, comme exprimant par exemple différents degrés de rapprochement ou d'éloignement de l'objet auquel appartenait la qualité marquée par la racine. Ce qui nous a paru vraisemblable pour le thème pronominal qui a pris la valeur d'un suffixe dans les thèmes nominaux, ne saurait l'être moins et l'est plutôt davantage encore pour celui qui a pris la valeur d'un pronom personnel, et dont la combinaison avec la racine équivaut encore dans les périodes historiques de nos langues à une proposition complète.

Si la théorie qui explique la fonction actuelle des formes par une adaptation postérieure à l'agglutination des éléments dont elles se composent, ne paraît pas moins favorable que la théorie traditionnelle à l'interprétation généralement admise du rapport de ces éléments dans les formes personnelles, elle l'est beaucoup plus à une interprétation analogue des formes nominales. Qu'on suppose la fonction personnelle primitivement étrangère au pronom *ti* dans *vet-ti* et la principale différence de *vet-ti* et *dhrish-nu* se trouve du même coup supprimée. En revanche, l'acquisition de cette fonction par *vet-ti* suffit peut-être pour expliquer qu'il soit seul resté susceptible d'être employé sans un sujet distinct, qu'il soit devenu incapable de jouer le rôle d'un substantif comme *dhrish-nu*, et qu'il n'ait pas disputé à celui-ci le privilége de la flexion casuelle quand l'usage s'en établit, d'abord, selon toute probabilité, pour le substantif ou l'adjectif pris substantivement, ensuite pour l'adjectif attribut. Or le rapprochement de *vet-ti* et de *dhrish-nu* ne doit pas avoir pour conséquence de faire écarter l'assimilation du premier à une proposition complète, mais au contraire de confirmer l'extension de la même interprétation au second. En dernière analyse le meilleur argument en faveur de cette assimilation est encore le suivant.

Tout langage primitif procède par séries d'énonciations, complètes chacune en elle-même, mais se subordonnant les unes aux autres dans la série. Nous renvoyons sur ce sujet aux observations très-intéressantes de M. Gaussin sur les langues polynésiennes et à une interprétation du langage naturel des sourds et muets qu'il joint à ces observations (*Du dialecte de Tahiti*, etc. Paris, Firmin Didot, 1853, p. 164). Ce sont des énonciations de ce genre, composées d'une racine attribut et d'un pronom sujet, qui sont devenues par l'agglutination des deux éléments les formes organiques primaires des langues indo-européennes, sans distinction à l'origine de formes personnelles et de formes nominales.

Nous admettrons donc que ces formes nous ont conservé le type primitif de la construction d'une proposition composée uniquement d'un sujet et d'un attribut, et nous en conclurons qu'à l'origine du langage indo-européen le sujet était régulièrement précédé de l'attribut. Nous disons « régulièrement », car cette régularité, ainsi que nous l'avons fait observer déjà dans l'introduction (p. 4), peut seule expliquer le fait même de l'agglutination du pronom sujet à la racine attribut.

Mais les petites propositions primitives que nous avons seules envisagées jusqu'ici, c'est-à-dire les formes primaires du langage indo-européen, quoique renfermant déjà un sujet, peuvent être encore accompagnées d'un sujet distinct. Les formes nominales, quand elles ne jouent pas le rôle de substantifs, le sont toujours, soit comme attributs principaux, soit comme simples qualificatifs, auquel cas le sujet distinct est un simple terme qualifié. Ce sujet distinct peut être un nouveau pronom : joint à la première ou à la seconde personne du verbe, il forme avec la désinence un véritable pléonasme; mais avec les formes nominales ou avec la troisième personne du verbe, il sert, dans le premier cas par la distinction des personnes, dans l'un et dans l'autre par celle des

degrés de voisinage ou d'éloignement, à préciser le sujet primitif
dont le sens est resté trop général dans le verbe, et qui dans les
formes nominales s'est transformé en suffixe. Enfin, les deux
catégories de formes peuvent avoir pour sujet une forme nominale
transformée en un appellatif ou au moins prise substantivement.
Nous avons donc à nous demander maintenant quelle dut être la
place du nouveau sujet.

L'analogie de la construction que nous avons trouvée comme
stéréotypée dans les formes descendues au rôle d'attribut d'une
part, et de l'autre l'avantage qu'il y avait à rapprocher le sujet
nouveau de l'ancien, c'est-à-dire du suffixe de l'adjectif ou de la
désinence personnelle du verbe, doivent nous faire supposer que
ce sujet se plaça encore après son attribut, que le terme destiné
à préciser le sens de l'élément pronominal renfermé dans cet
attribut n'en fut pas séparé, qu'en un mot des propositions comme
κρείσσων (γὰρ) βασιλεύς (*Iliade*, A. 80), ou comme *mahăn indrah*,
«Indra est grand» (R. V. I, 8, 5), reproduisent exactement l'ordre
de succession primitif d'un sujet et d'un attribut contenant l'un
et l'autre des éléments formatifs.

Cet ordre est, comme nous l'avons vu par l'étude des composés,
resté celui d'un qualificatif construit avec le terme qu'il qualifie.
Nous l'avons trouvé aussi observé dans les composés possessifs où
le rapport prédicatif qui unit les deux termes est également subordonné, mais qui forment cependant une petite proposition moins
étroitement rattachée à la proposition principale (p. 24). En
revanche il a dû être renversé de bonne heure pour le rapport
prédicatif pur et simple. Nous avons remarqué dans la première
partie et rappelé encore au commencement de ce chapitre que la
langue sanskrite, restée si fidèle à la construction du qualificatif
avant le terme qualifié, place le sujet avant son attribut, même
dans la locution appelée locatif absolu où le rapport prédicatif est
pourtant encore subordonné, afin de donner plus de relief à ce
rapport. La même langue, et la plupart des autres idiomes de la
famille, dès leurs plus anciens monuments, paraissent, comme
nous le verrons, avoir adopté ce nouveau principe pour la proposition proprement dite. Le rapport prédicatif pur et simple et le
rapport prédicatif subordonné ou qualificatif ont été distingués par
la conservation de la construction primitive pour le second, et son
renversement pour le premier.

Nous avons supposé jusqu'à présent pour plus de simplicité des
propositions où l'attribut n'est mis en rapport qu'avec un seul
autre terme, lequel est alors nécessairement sujet ; quand il est
en rapport avec deux ou plusieurs termes, l'un de ces termes reste

sujet; mais l'autre ou les autres ne peuvent être que régimes
(cf. Introduction, p. 14). Entre un sujet et un attribut il n'y avait
que deux ordres de succession possibles; entre un sujet, un
attribut et un seul régime il y en aurait déjà six. On voit qu'ici
la question se complique, et que pour tenter la restitution des
constructions primitives il importe, tout en ayant principalement
en vue les constructions des plus anciens monuments de nos
langues auxquelles il faut aboutir, de ne négliger aucun des éclaircissements que les formes organiques pourraient nous fournir pour
les périodes antéhistoriques. Commençons par la question la plus
nouvelle pour nous, celle de la place du régime.

Les formes personnelles du moyen usité en sanskrit, en zend,
en grec et en gothique, ont été expliquées par une combinaison de
la racine ou du thème de conjugaison avec un pronom sujet et un
pronom régime désignant tous les deux le même être ou le même
objet (*ma-mi, sa-si, ta-ti*, d'où μαι, σαι, ται) : le sens primitif
du moyen aurait donc été le sens réfléchi. Cette hypothèse date
d'un temps où l'on prétendait retrouver dans la contexture
matérielle des formes tous les éléments du sens ou de l'un des
sens qu'elles ont pris dans les périodes historiques, et où l'on ne
se faisait pas toujours scrupule pour atteindre ce but d'admettre
les altérations phonétiques les plus graves et les moins justifiées.
Dans l'état actuel de la science, et alors que se prononce de plus
en plus la tendance à expliquer la fonction définitive des formes
par une adaptation postérieure à l'agglutination de leurs éléments,
elle peut, croyons-nous, être négligée. Nous ne chercherons donc
pas dans les formes du moyen le type d'une proposition composée
de trois termes, où l'attribut précéderait à la fois le sujet et le
régime. Nous ne nous laisserons pas non plus arrêter par elles
dans la restitution de types tout différents qui nous sera suggérée
par d'autres considérations, et nous croyons que celle-ci fournirait
plutôt au besoin une objection de plus contre l'hypothèse en question. Remarquons d'ailleurs en passant que l'assimilation proposée
plus haut des formes personnelles et des formes thématiques dans
une période où les éléments pronominaux des premières n'auraient
pas encore été répartis entre les différentes personnes, ouvre une
voie nouvelle à l'interprétation des formes du moyen aussi bien que
de celles du pluriel et du duel actif : celles-ci pourraient en effet
provenir d'une dérivation également antérieure à cette répartition.

C'est peut-être encore dans la même voie qu'il faudrait chercher l'explication du passif italo-celtique. En effet, bien qu'il
ne se rencontre que dans deux des groupes de langues de la

famille indo-européenne, et dans deux groupes qu'on considère
généralement comme unis par une parenté plus étroite, nous ne
croyons pas impossible que les premiers rudiments de sa formation ne remontent à la période primitive d'organisation. Il en
est de ce passif comme de certaines formations de thèmes de
temps qui ne se rencontrent que dans tel ou tel groupe de langues,
mais dont l'origine ne doit pas être nécessairement pour cela rapportée à la période d'existence isolée du groupe (cf. Curtius,
Chronologie, tr. fr., p. 95). Quoi qu'il en soit, l'explication ordinaire des formes du passif italo-celtique par l'adjonction aux
formes de l'actif du pronom réfléchi qui est en latin *se*, et dont l's se
serait dans la plupart des formes changée en *r* (*amo-r* pour *amo-se*)
nous paraît inadmissible, parce que le phénomène du rhotacisme,
relativement récent dans la langue latine elle-même, est inconnu
aux langues celtiques, et même à un dialecte voisin du latin,
l'osque. Nous nous croyons donc autorisés à négliger l'indication
que ces formes, si elles avaient dû être ainsi interprétées, nous
auraient fournie sur la place d'un régime ou au moins d'un pronom régime : cette indication d'ailleurs, d'après la théorie même
que nous repoussons, n'aurait porté que sur une période postérieure à la séparation des différentes langues.

Ainsi, ni le moyen des langues sanskrite, zende, grecque et
gothique, par la combinaison d'éléments formatifs avec la racine,
ni le passif italo-celtique par une prétendue juxtaposition de mots
fléchis, n'ont rien à nous apprendre sur la question qui nous
occupe. La composition elle-même ne peut nous révéler l'ordre de
succession antéhistorique d'un verbe personnel et de son régime.
Car nous ne connaissons pas de composés de dépendance dont le
dernier terme soit un verbe personnel. Le verbe οἰκοδομέω n'est
pas un composé d'un thème οἰκο- et d'un verbe δομέω, mais
un dénominatif tiré du composé nominal οἰκοδόμος. Les verbes
sanskrits comme *çuklī-bhavati* « il devient blanc », ou *çuklī-karoti*
« il rend blanc », à supposer qu'ils soient des composés propre-
ments dits, question que nous réservons pour la traiter ailleurs,
ne renferment pas en tout cas un régime, mais un attribut joint
à l'auxiliaire *bhū* « être », ou l'attribut d'un régime joint à l'auxiliaire *kri* « faire, rendre. » Dans *namas-karoti* « il rend hommage »,
nous avons, non pas une composition véritable, mais une simple
juxtaposition, en sorte que l'ordre de succession des termes
s'explique par les principes de construction de la langue sanskrite
et ne suppose pas nécessairement un type antéhistorique analogue.
Il faut remarquer pourtant que le juxtaposé *çrad-dadhāti* « il
croit », littéralement « il donne son cœur » (cf. J. Darmesteter,

Mémoires de la Société de linguistique, III, p. 52), se retrouve en latin sous la forme *cre-dit* et remonte par conséquent à la période indo-européenne.

Mais, à défaut de renseignements sur la construction du régime d'un verbe personnel, la composition nous a du moins révélé l'ordre régulier dans lequel se succédaient, avant la création de la flexion casuelle, le régime d'un attribut de forme impersonnelle et ce terme lui-même. Nous avons constaté que le terme régi précédait le terme régissant. Il sera parfaitement légitime de nous emparer de ce principe et de le faire servir à la restitution de l'ordre primitif des termes dans une proposition complète. Nous ne devrons pas craindre de l'appliquer au régime d'un véritable attribut, d'un prédicat, puisque les composés d'un appellatif ou d'un pronom avec un adjectif ou un participe, qui nous l'ont révélé, ne sont pas employés seulement comme qualificatifs, mais peuvent encore, dans les périodes historiques de nos langues, comme les adjectifs et participes dont ils conservent le rôle, servir d'attribut à une proposition. En sanskrit, par exemple, le composé *dharma-vid* « qui connaît le devoir », cité plus haut (p. 25), peut se construire avec le sujet *devadattas* dans ce sens : « Devadatta connaît le devoir ».

La grande ressemblance des fonctions de l'attribut de forme personnelle et de l'attribut de forme impersonnelle, doit nous faire supposer que les régimes de l'un et de l'autre occupaient primitivement la même place. Le principe *démontré* pour les régimes d'un adjectif ou d'un participe peut être étendu *par une hypothèse fort vraisemblable* aux régimes d'un verbe personnel. Nous admettrons donc que celui-ci se faisait également à l'origine précéder de ses dépendances. L'étude des plus anciens monuments de nos langues confirmera, nous l'espérons, cette conjecture.

Or le verbe personnel peut, comme nous l'avons dit, s'employer sans autre sujet que sa propre désinence. En ce cas il n'y avait à l'origine, d'après le principe qui vient d'être posé, qu'une seule construction possible de la proposition : le verbe précédé de ses dépendances en devait être le dernier terme. Cette construction est restée à peu près exclusivement employée dans la prose sanskrite, elle est sensiblement dominante dans la prose latine la plus ancienne, et fréquente dans Homère :

Aitareya-Brāhmana. Çunahçepha. 14. Tāsu putram na lebhe. « Il n'eut d'elles aucun fils ».

Iliade. A. 25. Ἀλλὰ κακῶς ἀφίει, κρατερὸν δ'ἐπὶ μῦθον ἔτελλεν.

Caton. (Egger. *Relliquiæ sermonis latini veteris,* p. 162). *Interdum græcos versus agit, jocos dicit, voces demutat, staticulos dat.*

Quand le sujet est exprimé par un terme distinct, ce qui est devenu la règle avec un attribut de forme impersonnelle, et un usage fort général avec un attribut de forme personnelle, les rapports mutuels du sujet, du régime et de l'attribut produisent la complication déjà signalée. On doit remarquer toutefois que ces rapports ne sont immédiats qu'entre le sujet et l'attribut d'une part, entre le régime et l'attribut de l'autre, et qu'ils sont au contraire essentiellement médiats entre le sujet et le régime, qu'ils ne s'établissent entre ces deux termes que par l'intermédiaire de l'attribut. Il faudra donc dans la restitution de l'ordre primitif où se succédaient le sujet, le régime et l'attribut d'une proposition, veiller d'abord à l'application des principes connus sur l'ordre de succession du sujet et de l'attribut d'une part, de l'attribut et de son régime de l'autre. Or le régime devant précéder l'attribut et l'attribut devant à l'origine précéder le sujet, nous aboutissons pour la construction de ces trois termes au type suivant que nous avons, ce semble, d'assez bonnes raisons de considérer comme primitif : *Régime, — Attribut, — Sujet*. Voici un exemple de ce type qui est d'un usage assez fréquent dans Homère: *Iliade*. A. 43. τοῦ δ' ἔκλυε Φοῖβος Ἀπόλλων. Il n'était sans doute pas modifié par la multiplication des régimes ou dépendances de l'attribut qui devaient *en principe* se construire toutes avant lui comme dans cet autre exemple : *Iliade*. A. 53. Ἐννῆμαρ μὲν ἀνὰ στρατὸν ᾤχετο κῆλα θεοῖο.

Mais la construction du sujet après l'attribut n'est pas restée longtemps exclusive, ni même dominante. Le langage a procédé de bonne heure à l'*inversion* de l'attribut, pour mieux distinguer ce terme du simple qualificatif. Dès lors l'attribut dut être précédé à la fois du sujet et des régimes. Dans quel ordre? Lequel de ces deux termes, le sujet et un régime quelconque, était le plus étroitement lié à l'attribut, et devait en conséquence rester le plus rapproché de lui? Est-il bien sûr même qu'une distinction de ce genre ait été faite, et que dès l'origine, dans les propositions terminées par l'attribut, le sujet et les régimes ne se soient pas construits indifféremment, soit au commencement, soit immédiatement devant l'attribut? En fait, dans la prose sanskrite et dans la prose latine la plus ancienne, où la construction de l'attribut à la fin de la proposition peut être considérée comme la règle, l'ordre de succession du sujet et du régime est essentiellement libre.

On ne peut guère nier pourtant que, sauf les exigences de l'association logique des idées, le sujet n'y ait sa place ordinaire avant les régimes qui se trouvent rapprochés de l'attribut. D'ailleurs l'étude des composés suggère naturellement l'idée que primitivement la proposition se divisait pour la conscience du langage en deux parties principales, comprenant, l'une le sujet, l'autre l'attribut et ses régimes. En effet, dans les langues mêmes qui ont le plus usé et abusé de la composition, comme le sanskrit, on trouve bien des propositions fort compliquées réduites à deux termes dont l'un comprend l'attribut avec tous ses régimes ; mais on n'en trouve pas, à part celles dont le sujet n'est désigné que par la désinence personnelle d'un verbe, qui expriment une affirmation indépendante par la composition d'un sujet avec un attribut. Sans doute les composés qualificatifs impliquent une affirmation subordonnée, sans doute les deux termes d'un composé possessif sont unis par un rapport encore plus essentiellement prédicatif. Mais ni les composés qualificatifs, ni les composés possessifs, ne peuvent dans les périodes historiques de nos langues exprimer une affirmation indépendante. Les propositions les plus synthétiques du sanskrit observent toujours la distinction du sujet et de l'attribut, quand ce sujet est autre qu'un élément formatif, qu'une désinence personnelle.

Nous concluons de là que dans les premières propositions où se fit le renversement de l'ordre de succession primitif du sujet et de l'attribut, le sujet se plaça le premier et composa ainsi la première partie de la proposition, tandis que l'attribut, précédé des régimes, composa la seconde, et nous ajoutons au type de construction fixé plus haut un second type qui aura été employé de très-bonne heure concurremment avec lui, et qui sera même assez vite devenu dominant : *Sujet, Régimes, Attribut*. En voici des exemples :

R. V. I. 10, 1. *brahmănas tvā (çatakrato) úd vamçám iva yemire.* « Les prêtres (ô dieu puissant!) t'ont secoué comme un roseau ».

Il. A. 223. Πηλείδης δ'ἐξαῦτις ἀταρτηροῖς ἐπέεσσιν Ἀτρείδην προσέειπε.

Caton (ibid, p. 169). Dii immortales tribuno militum fortunam ex virtute ejus dedere.

Dans la suite du discours, dans les propositions considérées, non plus isolément, mais dans leur rapport entre elles, les exigences de l'association logique des idées appellent souvent, soit tous les régimes, soit l'un seulement d'entre eux, avant le sujet. L'existence des deux types déjà reconnus permettait de satisfaire à ces exigences sans mêler les deux parties principales de la proposition, en terminant celle-ci par le sujet quand il y avait intérêt à la commencer par un régime. Toutefois la prédominance du second type qui allait s'affermissant d'une part, et de l'autre la construction constante de l'attribut (de forme personnelle) à la fin des propositions qui ne renfermaient pas d'expression distincte du sujet, amenèrent l'établissement d'un principe nouveau, d'après lequel le verbe ou l'adjectif attribut durent se construire dans tous les cas à la fin de la proposition. La construction des autres termes fut d'ailleurs libre en deçà de l'attribut devenu la limite extrême du cadre où ils devaient prendre place. Une règle unique, portant sur un seul terme, l'attribut, remplaça à la fois les principes anciens qui déterminaient la place respective du sujet et de l'attribut, de l'attribut et de ses régimes, et celui qui divisait la proposition en deux parties. C'est cette règle qui préside à la construction de la prose sanskrite et de la prose latine la plus ancienne, que l'allemand et le hollandais appliquent aujourd'hui encore dans les propositions subordonnées, et qui, comme nous espérons le montrer, paraît avoir eu primitivement dans les langues germaniques la même extension qu'en latin et en sanskrit. Elle détermine un troisième type qui peut être formulé ainsi : *Sujet ou Régimes, — Régimes ou Sujet, — Attribut.* Comme exemples de cette construction nous citerons en regard de ceux du Rig-Véda et de Caton déjà cités plus haut où le sujet précédait les régimes, les suivantes où les régimes précèdent le sujet, l'attribut étant toujours à la fin de la proposition :

R. V. I, 11, 8, *indram îçānam ójasābhí stómā anūshata.* « Les hymnes ont loué Indra, le puissant maître ».

Caton (*ibid.* p. 159). *Decemviros Bruttiani verberavere.*

Nous y ajouterons les suivants empruntés au vieux haut allemand, comme types de la construction des subordonnées dans cette langue.

Serment des Juifs. (xiie siècle. *Chrestomathie* de Wackernagel, p. 303, l. 24). *Der himel und erdin gescuf.* « Qui a créé le ciel et la terre ».

Pater noster. (Analyse du viiie siècle. *Ibid.* p. 53, l. 23). *De wir in deru taufî fona imo intfêngun.* « (La consécration) que nous avons reçue de lui dans le baptême ».

D'ailleurs ce troisième type, qui comprend le second, ne constitua, ainsi que le premier qui laissait l'attribut avant le sujet, qu'un cadre renfermant les termes essentiels de la proposition. Le cadre les renfermait tous quand ils n'étaient pas bien nombreux, mais il était trop peu rigide, au moins à l'origine, pour n'en pas laisser échapper quelques-uns quand ils se multipliaient. Ce ne fut sans doute que plus tard, et par une réglementation rigoureuse étrangère aux procédés d'un langage encore dans l'enfance, que le latin et le sanskrit appliquèrent avec la conséquence qu'on remarque dans leurs plus anciens monuments en prose, le principe qui fait rejeter le verbe après tous les termes, si nombreux qu'ils soient, de la proposition. Le Rig-Véda, s'il se sert en somme le plus souvent de notre troisième type, le modifie par l'usage fréquent de certaines libertés que la prose latine et même la prose sanskrite ne s'interdisent pas non plus entièrement. L'usage du même type dans la construction des subordonnées, quoique consacré en allemand dès les plus anciens monuments de la langue, y souffre, même en prose, certaines exceptions que l'usage moderne a supprimées. En allemand, comme en latin, comme en sanskrit, le principe lui-même n'en garde pas moins son caractère de haute antiquité. Mais les exceptions à ce principe, quand elles ne dépassent pas une certaine mesure que nous allons indiquer sommairement, ne doivent pas être nécessairement considérées comme des *inversions* de l'ordre ancien. Elles peuvent avoir été en quelque sorte aussi anciennement consacrées que le principe lui-même, et c'est leur suppression, c'est l'application entièrement conséquente, et pour ainsi dire servile du principe, qui doit passer pour relativement moderne.

Ainsi, point de doute pour nous que les cadres que nous avons tracés, et particulièrement celui qui est limité par l'attribut, ne se soient dès l'origine laissé quelquefois déborder par les mots qui ne remplissent pas un rôle indépendant dans la proposition comme sujet ou comme régimes de l'attribut, et qui sont de simples épithètes ou plus généralement des dépendances de l'un de ces termes essentiels. Le langage n'avait pas encore l'haleine assez longue pour mener à bonne fin en une seule fois une proposition un peu compliquée; il allait donc au plus pressé, s'allégeant d'abord de tout ce qui n'était pas absolument indispensable, sauf à s'en recharger ensuite, ou si l'on veut, il construisait d'abord le gros œuvre de la proposition pour en reprendre l'ornementation hors d'œuvre. Le procédé déjà signalé (p. 28) des commentateurs hindous peut donner une idée assez exacte de ce genre de construction. On trouvera dans les chapitres consacrés à chaque langue particulière les exemples qui paraissent démontrer qu'il a été très-anciennement employé.

Parmi les termes mêmes qui jouent un rôle indépendant dans la proposition, il en est qui dès l'origine semblent avoir pu se placer à volonté en dedans ou en dehors du cadre adopté, avant ou après l'attribut par exemple, quand c'est lui qui marque la limite de ce cadre. Nous voulons parler des compléments circonstanciels, qui généralement portent moins sur l'attribut lui-même que sur la proposition entière, et dont la construction par suite est restée à peu près libre dans les langues mêmes où l'ordre de succession des autres termes est le plus rigoureusement, fixé, en français par exemple. On peut assimiler aux compléments circonstanciels les adverbes ou locutions adverbiales et un terme qui à cause de son importance va faire le sujet d'une section spéciale, l'infinitif.

SECTION II.

Construction de l'infinitif, de ses régimes et du terme qui, dans certaines langues, est devenu son sujet.

L'infinitif est dans sa fonction primitive un véritable complément circonstanciel. Tout le monde sait aujourd'hui que les différentes formes de ce mode, comme l'appellent nos grammaires classiques, sont des thèmes de noms abstraits revêtus d'une désinence casuelle. Cette désinence dans les plus anciens infinitifs connus, les infinitifs du Rig-Veda, est le plus souvent celle du datif qui convient parfaitement à leur emploi : car ils se construisent encore avec toutes sortes de verbes pour exprimer le but, l'intention, la fin de l'action marquée par ceux-ci.

En cette qualité de complément circonstanciel, l'infinitif pouvait sans doute se placer ainsi que tout autre régime à l'intérieur du cadre de la proposition limité par le verbe, comme dans ce vers du Rig-Veda : I, 5, 6. *Tvám sutásya pītáye sadyó vriddhó ajāyathāh,* « Tu t'es trouvé adulte dès ta naissance pour boire le soma ». Mais il pouvait aussi se construire à part, en dehors du cadre, c'est-à-dire après le verbe. Cette place lui convenait même mieux qu'à aucun autre complément circonstanciel, puisqu'exprimant une action qui était le but de l'action principale, il tenait lieu d'une véritable proposition *finale*. La succession du verbe et de l'infinitif dans la phrase répondait ainsi à celle des deux actions dans le temps. Aussi ne regarderons-nous pas comme une dérogation au troisième type posé dans la section précédente la construction de l'infinitif après le verbe dans ce passage : R. V. I. 5. 5. *Suta-pávne sutā imé çúcayo yanti vītáye.* «Ces (somas)[1] pressés, brillants, vont trouver le buveur de soma pour qu'il les goûte ». Sans doute les libertés qui, dans toutes les langues fidèles à une construction plus ou moins rigoureuse en prose, sont le privilége de la versification, ont introduit dans le Rig-Veda de nombreuses exceptions au principe de la construction du verbe ou plus généralement de l'attribut

---

1. Le vrai sujet est dans le second hémistiche *sómāso dádhyāçirah*, mais il est représenté par les adjectifs qui en dépendent dans le cadre régulier de la proposition. Nous reviendrons sur ce point Ch. II sect. 1.

à la fin de la proposition. Mais ce principe ne déterminait qu'un cadre qui pouvait être débordé par certains termes, particulièrement par l'infinitif[1] dans sa fonction primitive : en ce sens le passage cité plus haut et une foule d'autres du même genre où ce cadre est parfaitement dessiné, peuvent être comptés, non parmi les exceptions, mais parmi les exemples d'une application libre du principe, conforme au génie d'une langue non encore soumise à la réglementation des grammairiens.

Mais la fonction primitive de l'infinitif s'est peu à peu modifiée. Le langage s'habitua à le construire avec certains verbes d'un sens particulier, par exemple avec ceux qui signifient « pouvoir, vouloir, oser, etc. » Dans ces combinaisons sa valeur casuelle primitive s'oblitéra, il contracta une alliance plus ou moins étroite avec le verbe, et le résultat de cette alliance fut une sorte de locution qui, plus tard encore, dans certaines langues modernes comme l'allemand et l'anglais, conquit sa place dans la conjugaison du verbe sous la forme d'un temps ou d'un mode composé. Cette modification dans l'emploi de l'infinitif, par laquelle il devint une catégorie grammaticale distincte du nom d'action avec lequel il se confondait à l'origine, se produisit dans le sanskrit classique comme elle s'était produite en latin et en grec dans une période antérieure aux plus anciens monuments de ces langues. Toutefois c'est un autre cas d'un des nombreux thèmes abstraits qui avaient donné les infinitifs védiques, l'accusatif d'un thème en *-tu,* identique au supin latin, qui fut et resta seul chargé de la fonction nouvelle en sanskrit classique [2]. Le latin et le grec au contraire attribuèrent cette fonction à des infinitifs-datifs, analogues pour la forme à ceux du Rig-Veda, et c'est probablement aussi une désinence de datif qu'ont perdue les infinitifs germaniques en *-an* [3].

Assurément l'emploi que le sanskrit classique, le grec, le latin, les langues germaniques, font de l'infinitif, ne peut plus être comparé à celui d'un complément circonstanciel. Mais, si on laisse de côté le sanskrit dont l'infinitif-accusatif en *-tum,* construit avec les verbes signifiant « pouvoir, vouloir, etc. » a pu être conçu dès l'origine comme un régime direct de ces verbes, on est obligé de reconnaître qu'au moins en grec et en latin, et aussi dans les langues germaniques si leurs infinitifs sont d'anciens datifs comme

1. Sur la construction fréquente de l'infinitif à la fin de la proposition, et en général sur les développements qui vont suivre, cf. J. Jolly, *Geschichte des Infinitivs im indo-germanischen,* p. 133 et *passim.*

2. Il y joignit d'ailleurs la fonction propre dans le Rig-Veda aux infinitifs-datifs, c'est-à-dire qu'il exprima aussi le but de l'action.

3. C'est l'avis de M. Jolly, *Geschichte des Infinitivs,* p. 153-157.

ceux du grec et du latin, le rapport de l'infinitif avec le verbe dont il dépend, bien qu'il soit devenu assimilable à celui d'un régime direct, a dû être d'abord d'une nature différente. Il est permis de supposer qu'en remontant, s'il était possible, au sens primitif des locutions que les verbes réduits plus tard au rôle d'auxiliaires modaux ou même temporels composaient avec l'infinitif, on en arriverait à restituer à celui-ci une fonction analogue à celle des infinitifs védiques. C'est ce qu'on comprendra mieux tout à l'heure quand nous traiterons des régimes qui sont rapportés à l'infinitif, mais qui ont pu appartenir primitivement au verbe dont il dépend.

Or, la construction de l'infinitif en dehors du cadre limité par le verbe, aisément explicable par sa fonction de complément circonstanciel là où il avait conservé cette fonction, se rencontre également dans ses emplois nouveaux. Nous la relèverons non-seulement dans Homère où l'usage simultané des trois types primitifs et les libertés prises vis-à-vis de chacun d'eux permettraient peut-être de révoquer en doute la conscience de tout principe de construction grammaticale, mais dans les langues et dans les conditions particulières où la construction du verbe à la fin de la proposition est très-sensiblement dominante ou même à peu près exclusive, c'est-à-dire dans l'ancienne prose latine et dans les propositions subordonnées du vieux haut allemand. Sans être très-fréquente en latin elle nous a paru cependant mériter d'y être signalée, surtout parce que des tours devenus réguliers dans les langues romanes semblent s'y rattacher comme à un type déjà existant dans la langue mère. Mais c'est dans les propositions subordonnées du vieux haut allemand que le contraste entre la régularité ordinaire de la construction des régimes aussi bien que du sujet avant le verbe, et la construction libre de l'infinitif, soit avant, soit après ce verbe, est particulièrement significatif. C'est donc à elles qu'il convient d'emprunter un exemple de la construction que nous signalons seulement ici et dont nous vérifierons l'usage dans les chapitres consacrés aux différentes langues : *Sermons du* XIIe *siècle. (Chrestomathie de Wackernagel, p. 302, 27). Daz die iuden.... niewet nemechtin gesprechen.* « Pour que les Juifs ne pussent pas dire ».

Sans doute cette construction pourrait s'expliquer comme une application du principe même qui appelle l'attribut à la fin de la proposition. En effet, dans la locution composée d'un infinitif et d'un verbe qui tend à descendre au rang d'un simple auxiliaire, c'est l'infinitif qui exprime l'idée attributive principale. Cela est si vrai que quand le verbe dont dépend l'infinitif devient un auxiliaire véritable, la locution est considérée comme un mode ou un temps du verbe même auquel appartient l'infinitif. Nous sommes loin de méconnaître ce que cette explication a de plausible en elle-même. Elle ne doit pas pourtant nous faire négliger celle qui est non moins naturellement suggérée par l'assimilation de l'infinitif à un complément circonstanciel, et même à une proposition finale, dans les combinaisons d'où sont sorties, par des modifications successives du sens primitif, les locutions en question, *ou qui tout au moins leur ont servi de modèle.* L'infinitif est bien à sa place après le verbe dans sa nouvelle fonction : mais la même place ne lui convenait pas moins dans la fonction ancienne. Celle-ci aurait suffi peut-être pour expliquer en latin et en allemand, par la survivance du type de construction à la conception grammaticale qui l'avait déterminé, une dérogation véritable à la construction ordinaire. Il se trouve que ce type n'est pas moins approprié à la conception nouvelle. Concluons de là que la conception nouvelle a contribué à la conservation du type déjà déterminé par l'ancienne. Mais lui en rapporter la première origine serait, à notre avis, tenir trop peu de compte de la fonction primitive de l'infinitif, sur laquelle d'ailleurs les observations qui vont suivre fourniront de nouveaux éclaircissements.

L'infinitif peut être en rapport, non-seulement avec un verbe personnel, mais avec d'autres termes qu'on considère, tantôt comme ses régimes, tantôt même comme lui servant de sujet. Le dernier cas se produit dans ces sortes de constructions qu'on est convenu d'appeler des propositions infinitives. Pour comprendre l'attribution à l'infinitif et à son prétendu sujet des différentes places qu'ils peuvent occuper, et qu'ils occupent en effet, soit en grec, soit surtout en latin, il importe d'avoir d'abord une idée nette de l'origine de la proposition infinitive.

Nous ne pensons pas qu'il puisse subsister aucun doute sur l'exactitude de l'interprétation proposée par M. Curtius (*Griechische Schulgrammatik*, § 367. *Erläut.* p. 197[1]), d'après laquelle le terme qui est devenu le sujet de l'infinitif était primitivement un régime direct du verbe dont dépend la proposition infinitive. L'infinitif lui-même, avec ses régimes, s'il en a, tenait lieu dans cette construction de toute une proposition subordonnée. C'est ce qui résulte de l'équivalence des tours grecs comme *Xén. Cyr.* 7. 3. 5. Τὴν γυναῖκα λέγουσιν ὡς κάθηται χαμαί, *Aristoph. Guêpes.* 1284. Εἰσί τινες οἵ μ' ἔλεγον ὡς καταδιηλλάγην, avec ceux qu'on obtiendrait en remplaçant le verbe personnel précédé de ὡς par un infinitif.

---

1. Cette interprétation a été adoptée par M. Jolly, *Geschichte des Infinitivs,* p. 252 et suiv.

En latin c'est également parce que le sujet de l'infinitif était primitivement le régime direct du verbe principal qu'on peut, en tournant par le passif, substituer à *Dicunt Darium ab Alexandro victum esse*, la construction *Darius dicitur ab Alexandro victus esse*. D'ailleurs les premiers germes de la proposition infinitive, sinon avec les verbes signifiant « dire ou penser », au moins avec les verbes signifiant « faire, rendre », se rencontrent dans le Rig-Veda, par exemple : VIII. 67. 5. *prācīm u devāçvinā dhíyam me'mridhrām sātáye kritam*. « O divins Açvins, faites que ma prière infatigable qui s'élève vers vous obtienne (ce qu'elle implore) ». Or, dans un tour de ce genre on voit encore très-nettement que la prière, sur laquelle doit porter l'opération demandée aux Açvins, est le régime du verbe *kritam*. L'infinitif *sātáye* n'a pas même entièrement perdu son sens casuel primitif, puisqu'il exprime le but, la fin de cette opération.

Peu importe que dans les langues où la proposition infinitive s'est entièrement développée, en grec et en latin, on rencontre tel tour où le sujet de l'infinitif ne puisse lui être arraché sans violence pour être rattaché en qualité de régime direct au verbe principal. L'analogie [1] a dû exercer ici son influence comme en tant d'autres parties de la grammaire. Du jour où le régime direct du verbe construit avec un infinitif se présenta dans certains cas à la conscience du langage comme le sujet de cet infinitif, un nouveau tour était né, dont l'usage dut s'étendre peu à peu, et qu'on employa enfin même après des verbes qui n'avaient jamais pu prendre pour régime direct le terme conçu comme le sujet de l'infinitif. On comprend d'ailleurs que si l'ordre des mots, dans la combinaison d'une proposition infinitive avec un verbe, présente quelque particularité remarquable, il sera légitime d'en chercher l'explication dans celles des combinaisons de ce genre qui ont servi de modèle aux autres, c'est-à-dire dans celles où le sujet de l'infinitif était primitivement le régime direct du verbe.

En cette dernière qualité, le prétendu sujet de l'infinitif devait dans notre troisième type de construction précéder le verbe. Quant à l'infinitif, en qualité de complément circonstanciel tenant lieu d'une proposition subordonnée, il pouvait, soit précéder le verbe, auquel cas il se trouvait rapproché du terme destiné à devenir son sujet, soit se placer après le verbe hors du cadre primitif de la proposition. Dans le second cas il était séparé du même terme par le verbe, exemple : (*Caton Relliquiæ*, p. 461) *Qui non nostræ contumeliæ causa id noluerint evenire*. Ce tour qui, selon l'idée que

1. Jolly, *Geschichte des Infinitivs*, p. 253.

nous nous faisons de la proposition infinitive, semble une véritable hyperbate, pourrait bien être un souvenir de l'origine de cette proposition, et de la fonction primitive de ses termes. Nous aurions là un exemple de la fidélité du langage à des types de construction dont il ne comprend plus la raison d'être logique.

La vieille prose latine, à laquelle nous avons de préférence emprunté l'exemple ci-dessus, à cause de la régularité ordinaire de sa construction, avait en effet déjà oublié la vraie nature et le sens primitif de la proposition infinitive. Aussi ne pouvait-elle éprouver aucun scrupule à construire le régime direct du verbe personnel après celui-ci devant l'infinitif : (*Caton ibid.*, 158) *Jussi caudicem proferri*. Cette dérogation au principe de construction qu'elle suit d'ailleurs assez exactement, surtout pour un régime direct, s'explique naturellement par la conception nouvelle qui faisait du régime du verbe le sujet de l'infinitif, et de ces termes réunis une proposition particulière qui devait en cette qualité tendre à se détacher de la proposition principale.

Quant aux régimes des propositions infinitives, ce que nous aurions à en dire se confondrait avec les observations que nous allons présenter sur les régimes des infinitifs construits avec un verbe, sans aucun terme susceptible d'être considéré comme leur sujet.

Il n'est pas douteux qu'un infinitif n'ait pu, dès l'origine, gouverner un régime quelconque, absolument comme le verbe personnel. Cette faculté a été primitivement commune à toutes les formations d'une racine verbale, à l'adjectif ou participe d'une part, et au nom d'action de l'autre, aussi bien qu'au verbe, et n'a été très-anciennement perdue que par celles de ces formations qui se sont fixées dans le sens de noms appellatifs[1]. Les participes l'ont toujours conservée. Ceux des noms d'agent en -*tar* dont les racines ont donné des verbes actifs, gouvernent encore l'accusatif dans le Rig-Veda[2]. Il en est de même du nom d'action en latin dans Plaute : *Aulularia*, IV, 10, 14. *Quid tibi ergo meam me invito tactio 'st*. Ceux des noms d'action qui ont rempli la catégorie de l'infinitif ont, grâce à leur liaison plus étroite avec la conjugaison du verbe, toujours conservé la faculté que les autres ont perdue.

Quand l'infinitif se construit à l'intérieur du cadre de la proposition, il est tout naturel que ses régimes y soient renfermés avec

1. Voir la section précédente.
2. Et dans le sanskrit classique où ils ont servi à former le futur périphrastique.

lui, et qu'en vertu du principe général sur l'ordre de succession du mot régi et du mot régissant, ils l'y précèdent. Quand le même terme, en vertu de la liberté de construction que nous avons constatée et justifiée, se construit au-delà du cadre, il n'est pas moins naturel qu'il appelle ses régimes immédiatement devant lui : *Iliade*, A. 78. Ἦ γὰρ ὄίομαι ἄνδρα χολωσέμεν. — *César. De bello gallico*, I, 7. *Maturat ab urbe proficisci*. — Haut-allemand, *Berthold*. (*Wackernagel*, p. 671, 33) *Daz er wânde die hôhsten und die schœnsten sterren von himel nemen* « Qu'il croyait prendre les plus hautes et les plus belles étoiles du ciel. »

Mais la langue homérique, et, si le témoignage de celle-ci paraît peu concluant à cause de la grande liberté de sa construction, la vieille prose latine, le vieux haut-allemand dans les propositions subordonnées et toutes les langues germaniques anciennes dans l'emploi quelconque qu'elles peuvent faire du cadre limité par le verbe personnel, laissent quelquefois les régimes de l'infinitif avant ce verbe tout en rejetant après lui l'infinitif lui-même. Cette construction, qui n'est pas très-rare en latin, est assez fréquente dans les langues germaniques, et elle a été conservée dans une certaine mesure par le hollandais moderne. En voici des exemples : *Caton (Relliquiæ*, p. 160). *Ut alii idem vellent facere*, — haut-allemand, *Berthold* (*ibid.*, p. 670, 23). *Die só getáne freude süln besizen* « Qui devez posséder une joie ainsi faite, » — hollandais moderne, *Dat ik dat zou leren* « Que j'apprisse (que je dusse apprendre) cela. »

Evidemment on ne peut songer à expliquer par une véritable hyperbate une construction reproduite ainsi par plusieurs langues, et par des langues telles que le haut-allemand, auxquelles cette figure n'est pas familière comme elle l'est par exemple à la langue grecque. Il ne faut d'ailleurs pas chercher bien loin pour en trouver une interprétation plus vraisemblable. Nous avons déjà rappelé que l'infinitif construit dans la dépendance immédiate d'autres verbes tend à contracter, et a en effet contracté avec eux, au moins avec ceux qui sont devenus de véritables auxiliaires, une étroite liaison, qui transforme la combinaison des deux termes en une expression unique. On pourra donc dire que ce n'est plus à proprement parler l'infinitif, mais cette expression composée qui gouverne le régime dans les exemples que nous avons tirés des langues germaniques, et même à la rigueur dans celui que nous avons emprunté au latin. Le régime serait donc à la place qui lui convient devant cette expression, — soit devant le verbe personnel quand celui-ci précède l'infinitif.

C'est encore là une explication trop plausible en elle-même pour

que nous songions à l'écarter purement et simplement par une
fin de non recevoir. Bien plus, nous croyons qu'elle répond assez
exactement à l'idée qu'on devait se faire de pareils tours aux époques mêmes où nous les trouvons employés. Cependant, et pour
nous en tenir aux langues germaniques, et même au haut-allemand
où l'usage de ces tours est particulièrement fréquent et remarquable, il faut songer que l'union du verbe avec l'infinitif n'est
jamais tellement étroite que ces deux termes ne puissent être
séparés par les régimes du second, comme il arrive régulièrement
dans les propositions principales, quelquefois même en vieux et
moyen-haut-allemand dans les propositions subordonnées. Il est
inutile de citer des exemples du premier fait qui est resté la règle
en allemand moderne, et nous en avons déjà donné un du second :
*Daz er wânde die hôhsten und die schœnsten sterren von himel
nemen.* L'usage de cette construction ne permettait pas à la langue
d'oublier que dans les combinaisons de ce genre les régimes appartenaient en réalité à l'infinitif, et si l'on conçoit qu'elle les ait
rapportés à l'expression composée dans un tour consacré qui ne
semblait plus susceptible d'être autrement interprété, on comprendrait moins bien qu'elle eût créé ce tour de toutes pièces pour
répondre à la même interprétation. Il est vrai que cette interprétation, sans s'imposer nécessairement dans les propositions où le
verbe est construit après l'infinitif, aurait pu cependant être
suggérée par elles : *Hildebrand (ibid.*, 66, 29). *Hverdar sih derô
hregilô hiutû hruomen muotti* « Qui des deux doit aujourd'hui
s'enorgueillir du butin de la guerre. » Quoi qu'il en soit, une
autre explication du tour dont il s'agit nous semble possible. Déjà
nous avons cru reconnaître, d'abord dans la construction de l'infinitif après le verbe, ensuite dans la construction du sujet de
l'infinitif avant le verbe, les traces de conceptions grammaticales
plus anciennes d'après lesquelles l'infinitif était un régime circonstanciel et son prétendu sujet un régime direct du verbe. Il est
donc naturel de nous demander si l'usage de construire les régimes
de l'infinitif avant le verbe dont il est lui-même précédé, ne date-
rait pas aussi d'un temps où ces régimes n'étaient pas toujours
rapportés à l'infinitif, mais étaient quelquefois conçus comme
appartenant au verbe, ou au verbe et à l'infinitif à la fois [1].

Quand le latin dit *te volo vivere*, il faut, pour retrouver le sens
primitif de la construction, faire de *te* le régime direct [2] de *volo*

---

1. Nous ne disons pas « à l'expression composée », ce qui serait tout différent.

2. Sur la fonction transitive de *volo*, et en général sur le sens primitive-

comme dans *te volo beatum*. On peut même dans une formule de
ce genre restituer à *vivere* sa fonction ancienne de datif et traduire
« J'ai une volonté dont tu es l'objet et qui tend à ceci : que tu
vives, » ou plus simplement en rendant à *volo* le sens primitif de
la racine *var* dont il est tiré, « choisir » : « Je te choisis pour
vivre [1]. » Car avant que le langage se fût habitué à considérer *te*
comme le sujet de *vivere*, c'était uniquement le contexte ou la
situation des interlocuteurs qui faisait rapporter à l'individu désigné par le pronom de la seconde personne l'état exprimé par
l'infinitif. C'est pour donner à l'emploi de l'infinitif le degré de
clarté qui manque à ce terme à cause de sa forme impersonnelle,
que dans notre langue des personnes plus soucieuses de précision
que de purisme diront en construisant avec l'infinitif un sujet non
prévu par le rudiment : « Je te le donne pour *toi* jouer. » Ce prétendu sujet doit d'ailleurs être lui-même par son origine, comme
celui de la proposition infinitive en latin, un véritable régime du
verbe : « Je te le donne pour toi (pour) jouer, » de sorte qu'ici
encore l'attribution à la seconde personne de l'action de jouer n'est
exprimée que d'une manière indirecte. Pour en revenir à notre
formule *te volo vivere*, il semble évident que, selon la conception
grammaticale qui lui a donné naissance et que nous avons cherché
à représenter par la traduction « Je te choisis pour vivre, » elle a
pu signifier d'abord « J'ai une volonté dont tu es l'objet et qui tend
à ceci : que *je* vive, » c'est-à-dire « J'ai besoin de toi pour vivre, »
ou « Je te demande la vie [2], » aussi bien que « Je veux que tu
vives. »

De *te volo vivere* passons à *te volo amare*. Ici non plus rien
n'indique expressément si l'action de l'infinitif *amare* doit être
rapportée à la première personne suggérée par la désinence de
volo, ou à la seconde désignée par le pronom *te*. L'équivoque que
nous a paru présenter à son origine la première formule est même
toujours restée inhérente à la seconde. Celle-ci a encore dans le
latin classique deux sens très-différents dont l'un est parfaitement
analogue à celui qui a été seul conservé par la première : « Je
veux que tu aimes, » et a incontestablement la même origine. Or

ment plus concret des verbes avec lesquels se construit l'infinitif, cf. Jolly,
ibid., p. 192 et *passim*.

1. Ce tour pourrait peut-être se traduire, ou plutôt se transcrire ainsi en
sanskrit védique : *tvâm vrinomi jivase*. Cf. R. V. III, 9, 1. *tvâ vavrimahe...
ûtaye* « Nous te choisissons pour la faveur, pour favoriser », c'est-à-dire
« Nous désirons que tu nous favorises. »

2. C'est même le sens qui pourrait être le plus naturellement attribué à la
transcription védique tentée dans la note précédente.

entre les deux sens de *te volo vivere*, celui qui est resté attaché à
cette formule et celui que nous lui avons restitué, le choix dépendait uniquement de l'interprétation de l'infinitif qu'on pouvait à
volonté rapporter à la première ou à la seconde personne. Pourquoi
n'en aurait-il pas été de même pour les deux sens de *te volo amare?*
Si d'une formule signifiant primitivement « Je te choisis pour
vivre » on pouvait tirer tantôt le sens de « Je veux que tu vives, »
tantôt celui de « Je te veux pour vivre moi-même, » il n'est pas
plus difficile de comprendre que d'une formule signifiant primitivement « Je te choisis pour aimer, » dont on a certainement tiré
le sens de « Je veux que tu aimes, » on ait tiré aussi celui de « Je
te veux pour aimer moi-même, » c'est-à-dire « Je veux t'aimer. »
La seule différence à cet égard entre les deux sens de *te volo vivere*
et le premier de *te volo amare*, d'une part, et le second sens de
la seconde formule de l'autre, c'est que l'interprétation de l'accusatif comme régime du verbe, nécessaire pour ceux-là, est seulement possible pour celui-ci, puisque *te* aurait pu être de tout
temps le régime de *amare*. Aussi ne nions-nous pas qu'il ne l'ait
été, et supposons-nous seulement que le même accusatif a pu être,
également dès l'origine, le régime du verbe en même temps
que de l'infinitif, en sorte que la traduction qui rendrait le
mieux compte du second sens de notre formule serait : « Je te
choisis pour t'aimer. »

Le meilleur argument en faveur de cette interprétation, c'est
qu'elle est la plus conforme à ce que nous savons du développement général du langage, passant peu à peu de la construction
dite *paratactique* à la construction syntactique proprement dite.
Tous les indianistes savent que l'usage de la *parataxe*, c'est-à-dire
de la construction parallèle de termes que l'esprit conçoit comme
dépendants l'un de l'autre, est encore fréquent dans le Rig-Veda.
Sans nous éloigner de notre sujet, nous citerons dans cet ordre
d'idées la construction de l'infinitif avec le datif. L'infinitif ainsi
employé ayant lui-même la forme d'un datif, les deux termes se
trouvent construits d'une façon exactement parallèle, et sont grammaticalement dans le même rapport avec le verbe. Cependant, pour
l'esprit, le nom appellatif au datif est tantôt le sujet de l'infinitif
comme dans ce passage : R. V. IX, 16. 3. *Punīhīndrāya pātave*
« Purifie (le Soma) pour qu'Indra le boive (littér. pour Indra, pour
boire), tantôt son régime, comme dans celui-ci : R. V, X, 116, 1.
Pibā vritrāya hántave, « Bois (le Soma) pour tuer Vritra (littér.
pour Vritra, pour tuer). » On a employé le terme d' « attraction »
pour caractériser la seconde tournure. Mais la comparaison de la
première ne permet pas de douter qu'elles ne soient toutes les

deux des cas de construction paratactique, que le datif *vritrāya* ne porte directement sur le verbe *píba* comme le datif *indrāya* sur le verbe *punīhi* et que la force du sens n'ait seule transformé le second en un régime de *hántave*, comme le premier en un sujet de *pátave* [1].

La langue latine elle-même paraît offrir un exemple de parataxe tout à fait analogue dans l'emploi des formes de nom d'action qui ont conservé une fonction assez semblable à celle des infinitifs védiques, mais qui s'emploient dans cette fonction à plusieurs cas, et notamment au génitif. On voit que nous voulons parler du gérondif et des tours comme *Tempus est videndi lunæ*. Lancelot, dans la *Méthode de Port-Royal*, explique ainsi les constructions de ce genre : « Si l'on dit *Tempus est videndi lunæ*, c'est le même que *Tempus est visionis lunæ*, n'y ayant rien de plus ordinaire que de voir un nom gouverné au génitif en gouverner un autre au même cas... Et c'est la raison de toutes ces façons de parler, *Fuit exemplorum legendi potestas*, *Antonio facultas detur agrorum suis latronibus condonandi*. » Mais si nous sommes d'accord avec M. Bréal (*Quelques mots sur l'instruction publique en France* p. 177), pour reconnaître que cette interprétation, reproduite par Corssen dans les *Kritische Beiträge*, dénote chez Lancelot un sens grammatical fort remarquable, nous ne croyons pas pourtant qu'elle réponde à la vérité historique. En effet les tours dont il s'agit doivent sans doute être considérés comme des traces d'une construction archaïque plutôt que comme des innovations du langage, et c'est apparemment l'avis de Lancelot lui-même puisqu'il les explique en assimilant le gérondif à un substantif, c'est-à-dire en lui rendant sa fonction primitive. Or s'il est vrai que le gérondif était à l'origine un nom d'action, il ne l'est pas moins qu'à l'origine le nom d'action gouvernait le même cas que le verbe de même racine, de préférence au génitif. S'il est vrai d'autre part que deux génitifs peuvent dépendre l'un de l'autre, il ne l'est pas moins que cette construction lourde et savante aurait peu convenu à la libre allure d'une langue encore peu cultivée. L'analogie de la construction védique signalée plus haut nous suggère une interprétation plus satisfaisante, ce semble, des phrases comme *Tempus est videndi lunæ*, ou des formules plus anciennes qui ont pu leur servir de modèle. Les deux génitifs y étaient sans doute construits parallé-

---

1. M. Jolly présente une autre interprétation que nous avons eu déjà l'occasion de combattre (*Revue critique*, 1874, I, p. 340). La meilleure preuve d'ailleurs que la construction qui nous occupe est bien paratactique, c'est qu'elle se reproduit avec l'infinitif-ablatif et un autre ablatif qui est *logiquement* son régime, R. V, II. 29,6, cf. I, 41,9 (*Revue critique*, 1875, II, p. 385).

lement, le sens seul établissant entre eux un rapport de dépendance que n'exprimait pas la grammaire. La traduction qui rendrait compte de l'origine du tour serait donc celle-ci : « Il est temps de voir, de la lune, » ou « C'est le temps de la lune, de la voir [1]. »

Le tour *Píbā vritrắya hắntave*, et le tour *Tempus est videndi lunæ*, tel qu'il vient d'être expliqué, présentent une grande ressemblance avec le tour *te volo amare*, dans le sens de « Je veux t'aimer », et selon l'interprétation qui en a été proposée plus haut : « Je te choisis pour t'aimer. » Dans ce dernier seulement le procédé de la parataxe se serait en quelque sorte confondu avec celui de la syntaxe, le régime de *volo* pouvant à la fois et immédiatement passer pour le régime d'*amare*. Cette construction d'un régime unique, en dépendance de deux termes qui sont eux-mêmes unis par un rapport de dépendance quelconque, est d'ailleurs un fait commun à toutes les langues et à toutes les périodes du langage. Nous aurons l'occasion de la rappeler encore dans la section suivante à propos de l'union avec le verbe d'un attribut impersonnel.

Nous avons choisi le latin pour y étudier le tour *te volo amare*, à cause des éclaircissements que pouvait nous fournir dans cette langue l'usage de la proposition infinitive. Mais il est clair que nos conclusions s'appliqueraient également à une phrase germanique analogue où figurerait le verbe qui est en allemand moderne *wollen* et qui vient pareillement de la racine *var* « choisir ». Elles pourraient sans doute être étendues à un bon nombre des verbes qui se construisent avec l'infinitif, surtout si l'on remontait à leur sens primitif.

Nous n'avons d'ailleurs pas la pensée que dans toutes les constructions d'un infinitif et d'un verbe avec un régime, ce régime puisse être ainsi restitué au verbe. Encore moins croyons-nous qu'une pareille analyse, si elle représente exactement l'origine de telle construction de ce genre, lui convienne encore dans les monuments historiques, même les plus anciens, où nous la rencontrons. La conséquence avec laquelle le latin, comme les langues germaniques, observe, dans le choix de la désinence casuelle que doit porter le régime, toutes les règles particulières aux verbes à la conjugaison desquels se rattachent les infinitifs employés, ne permet

---

1. Nous ne faisons que signaler ici, pour y revenir dans le chapitre consacré aux langues romanes, l'analogie de cette explication avec celle qui a été présentée par M. Tobler (*Gœtt. Anz.* 1875, p. 1065 et suiv.) pour certaines constructions d'un verbe, d'un infinitif et d'un régime en vieux français.

pas de douter que pour la conscience du langage ce régime n'appartint effectivement alors à l'infinitif et à l'infinitif seul. C'est seulement à une période antéhistorique de ces langues, période dont la langue védique nous offre sans doute une image assez exacte, que nous entendons attribuer un usage étendu de la parataxe. C'est dans cette période seulement que le régime aujourd'hui rapporté à l'infinitif aurait appartenu en même temps au verbe.

Ajoutons encore que, même dans les tours où l'un des régimes actuels de l'infinitif semble avoir porté primitivement sur le verbe, d'autres régimes peuvent avoir de tout temps appartenu exclusivement à l'infinitif. Dans un des exemples de l'emploi du gérondif cités par Lancelot, *Antonio facultas detur agrorum suis latronibus condonandi*, tandis que le génitif *agrorum* dépend selon nous de *facultas*, qui joue vis-à-vis du gérondif le même rôle qu'un verbe vis-à-vis d'un infinitif, le datif *suis latronibus* dépend au contraire de *condonandi*. La même complication pouvait se présenter dans la construction primitive de l'infinitif, du verbe et de leurs régimes. Il n'entre pas dans notre dessein de discuter ici tous les cas particuliers. Nous n'avons cherché qu'à établir ce point : les termes que nous considérons aujourd'hui comme les régimes de l'infinitif, ou au moins certains d'entre eux, pouvaient être à l'origine, au moins dans certains cas, considérés comme les régimes du verbe, ou mieux du verbe et de l'infinitif à la fois.

Ainsi s'expliqueraient les deux types de construction dont nous avons constaté l'emploi quand l'infinitif est rejeté au-delà du verbe : ou ses régimes actuels l'accompagnent en dehors du cadre de la proposition, ou ils sont construits à l'intérieur de ce cadre et séparés de l'infinitif par le verbe. Ces deux types, une fois consacrés par la tradition, auraient d'ailleurs été employés indifféremment dans les périodes historiques de nos langues, sans aucun souvenir des causes antéhistoriques qui les auraient produits.

Tous les deux sont d'un grand usage dans les langues germaniques anciennes. Ils sont aussi employés dans les langues romanes avec les pronoms régimes : c'estce qui doit nous faire attacher une certaine importance aux traces qu'en offre la construction latine. Enfin, bien que l'explication que nous avons donnée du second ait un caractère purement hypothétique, nous ne pouvions, dans un travail qui n'est qu'une première tentative de dériver historiquement les types de construction les uns des autres, et surtout de justifier l'emploi de cette méthode en constatant l'ancienneté et la permanence de certains types, négliger une conjecture qui n'est pas peut-être sans quelque vraisemblance, et dont la confirmation répondrait si bien à l'objet que nous nous sommes proposé.

On trouvera à la fin de la section suivante quelques observations qui s'appliqueront à la fois à la construction de l'infinitif et à celle d'un attribut impersonnel avec un verbe personnel.

Section III.

Construction de l'attribut impersonnel avec un verbe personnel, et de ses régimes.

Nous désignons sous le nom d'*attributs* les termes dont nous allons parler, afin de nous conformer à l'usage reçu pour ceux d'entre eux qui sont construits avec un verbe signifiant « être ». Il convient à tous, à un certain point de vue, s'il est vrai, comme nous l'avons admis jusqu'ici, que le rapport qualificatif n'est que la modification d'un rapport prédicatif par la subordination de ce rapport à un rapport prédicatif principal. Il leur convient même mieux qu'aux qualificatifs proprement dits, dont la liaison plus étroite avec le terme qualifié donne à la combinaison l'apparence d'une expression unique. Le nom d'*apposition* serait assez approprié à ces termes, adjectifs ou participes, qui, unis par une affirmation subordonnée au sujet ou à l'un des régimes d'une affirmation principale, peuvent, comme tous ceux qui sont sous la dépendance d'un des termes essentiels [1], mais de préférence à tous autres en vertu de leur dépendance moins étroite, déborder le cadre de la proposition, et se construire après le verbe personnel quand c'est lui qui limite ce cadre. Exemples : *Iliade*. A. 147. Ὄφρ' ἡμῖν Ἑκάεργον ἱλάσσεαι, ἱερὰ ῥέξας, — *ibid*. 257. Εἰ σφῶϊν τάδε πάντα πυθοίατο μαρναμένοιϊν, — *ibid*. 29. Πρίν μιν καὶ γῆρας ἔπεισιν... ἱστὸν ἐποιχομένην.

Si l'adjectif ou participe construit en dehors du cadre en apposition au sujet ou à l'un des régimes de la proposition a lui-même des dépendances, elles peuvent comme dans le premier et le troisième exemple se construire avec lui, également en dehors du cadre, et elles devaient le précéder, au moins à l'origine, d'après le principe général qui règle l'ordre de succession du mot régi et du mot régissant.

---

1. Voir plus haut section I *in fine*.

Quelquefois un même régime peut être considéré comme appartenant à la fois au verbe personnel et à l'adjectif ou participe en apposition. Il est tout naturel qu'il soit construit avant le verbe, lors même que l'adjectif ou participe est rejeté après celui-ci. Ce tour paraît surtout fréquent en grec : *Iliade.* A. 310. Ἀνὰ δὲ Χρυσηΐδα καλλιπάρῃον εἷσεν ἄγων. Il s'est étendu, peut-être par une fausse analogie, aux cas où le régime ne peut être considéré comme dépendant du verbe, et porte uniquement sur l'adjectif ou participe : *Iliade.* A. 167. Ἐγὼ δ'ὀλίγον τε φίλον τε ἔρχομ' ἔχων ἐπὶ νῆας.

Dans les exemples cités, et dans tous ceux du même genre, l'adjectif ou participe, qu'on l'appelle *attribut* ou terme en *apposition*, n'a pas contracté avec le verbe une union bien étroite, et l'un et l'autre ont encore leur sens indépendant. Ces tours, dont on aura cependant remarqué l'analogie avec ceux que nous avons relevés dans la construction de l'infinitif, n'auraient pas mérité par eux-mêmes de faire l'objet d'une étude à part, et si nous les signalons les premiers, c'est qu'ils semblent pouvoir nous donner la clef d'autres tours beaucoup plus importants par l'extension qu'ils ont prise et par les fonctions nouvelles qui s'y sont développées. Venons-en donc à ceux-ci qui forment proprement le sujet de la présente section.

De même que nous avons vu l'infinitif, simple régime circonstanciel à l'origine, entrer dans des rapports plus étroits avec certains verbes de sens plus ou moins effacé et descendus même tout à fait au rang d'auxiliaires dans les langues germaniques, de même nous allons voir l'adjectif ou le participe, construit d'abord, comme une simple apposition à un sujet ou à un régime, auprès du verbe personnel, s'unir à quelques verbes de sens également effacé, et devenus même des auxiliaires, les uns seulement dans les langues modernes, les autres aussi dans les langues anciennes, pour former souvent avec eux de véritables temps composés. De ces auxiliaires, les uns signifient « être, devenir, etc. », les autres signifient « avoir ». Les adjectifs ou participes construits avec les premiers sont des appositions au sujet : les adjectifs ou participes construits avec les seconds sont des appositions au régime direct.

On aurait, il y a quelque soixante ans, causé un véritable scandale, en avançant que l'*attribut* d'une proposition pareille à *Deus est sanctus,* a pu, et même a dû être à l'origine une simple *apposition* au sujet, construite comme une sorte de supplément à la proposition, *grammaticalement* complète par elle-même, composée du sujet et du verbe réduit plus tard au rôle de copule.

Aujourd'hui encore l'idée pourra paraître fort étrange, même aux personnes qui admettent que la formule par excellence de la proposition selon les philosophes a été longtemps inconnue au langage, que celui-ci n'a senti qu'assez tard le besoin de relier par une copule le sujet et l'attribut, même de forme impersonnelle, et enfin que les verbes qui maintenant signifient « être » et dont l'un au moins a déjà la fonction d'un verbe substantif dans les plus anciens monuments de nos langues, exprimaient d'abord une idée beaucoup plus compréhensive et toute matérielle [1]. Et cependant cette dernière théorie n'implique-t-elle pas que la réunion du sujet et du verbe réduit au rôle de copule pouvait présenter à l'origine un sens complet, autre que la pure affirmation de l'existence ? D'autre part, un adjectif comme *sanctus* ne pouvait primitivement, dans une proposition comme celle que nous avons prise pour exemple, jouer aucun des rôles qui caractérisent les termes essentiels de la proposition : ni celui de sujet, puisque le sujet était *Deus*, ni celui d'attribut, puisque l'attribut était *est*, et encore moins celui de régime. Il ne pouvait donc être à la lettre qu'une *apposition* au sujet, apposition qui, par la dégradation de l'attribut primitif au rang de copule ou (avec un participe) d'auxiliaire, est devenue l'attribut véritable. Ou encore, si l'on aime mieux cette manière de présenter la genèse *antéhistorique* d'une telle construction, l'affirmation, subordonnée relativement à l'affirmation principale *Deus est*, qui unissait l'adjectif en apposition *sanctus* au sujet *Deus*, est devenu l'affirmation principale, quand l'autre eut perdu toute signification propre par la diminution graduelle et l'anéantissement final de la compréhension primitive de l'attribut *est*.

Or l'adjectif ou participe ainsi construit avec un verbe substantif ou tout autre de fonction analogue, est souvent placé après celui-ci dans les langues mêmes qui comme le latin, ou dans les propositions qui comme les subordonnées du haut-allemand, assignent le plus régulièrement la dernière place au verbe. Exemples : *Caton.* p. 166. *Quid operis siet factum.* — Vieux haut-allemand. *Sermons du XII⁰ siècle.* (Wackernagel, p. 302. 12) *Daz er was gerêinet* « Qu'il était purifié. »

On pourrait supposer sans doute que le terme devenu l'attribut véritable de la proposition a été appelé en vertu de son nouveau rôle à la place qui n'appartenait au verbe qu'en tant qu'il remplissait lui-même la fonction d'attribut. Nous avons déjà signalé dans la section précédente la possibilité d'une interprétation semblable

1. Cf. Introduction p. 13.

pour une construction tout à fait analogue de l'infinitif après le verbe dont il dépend. Mais pour l'attribut impersonnel, comme pour l'infinitif, nous ne pouvons nous empêcher de remarquer que le tour en question se justifie aussi bien par la fonction ancienne du terme ainsi rejeté après le verbe personnel, que par sa fonction nouvelle. L'attribut, alors qu'il n'était encore qu'une sorte d'apposition au sujet, pouvait certainement en cette qualité, et dans le système de construction lâche approprié à un langage primitif, se placer après le verbe en dehors du cadre de la proposition.

Les régimes de l'attribut, quand il en a, peuvent être régulièrement construits devant lui en dehors du cadre : *César. De bello gallico. I, 4. Ea res ut est Helvetiis per indicium enunciata.* — Anglo-saxon. *Beowulf*, vers 1767. *Swâ hie â wœron at nîda gehwâm nydgesteallan* « comme ils étaient toujours nécessairement associés à chaque coup. » Mais souvent aussi, soit en latin, soit surtout dans les propositions subordonnées du vieux-haut-allemand, c'est-à-dire là où notre type troisième est le plus régulièrement appliqué, les régimes restent dans le cadre limité par le verbe, qui les sépare alors de l'attribut rejeté au-delà. Exemples : *César. De bello gallico. II. 32. Eo die pace sunt usi.* —Vieux-haut-allemand. *Sermons du XII siècle.* (Wackernagel, p. 304, 18) *Daz si gote mit ir unglouben vil harto sint geverret* « Qu'ils sont très-éloignés de Dieu par leur incrédulité. »

Ces tours forment encore le pendant exact de ceux que nous avons constatés dans l'emploi de l'infinitif. Pas plus que pour l'infinitif ils ne peuvent, au moins dans les langues germaniques, s'expliquer par une hyperbate. Faut-il considérer l'attribut et le verbe comme formant une expression unique régulièrement précédée de ses régimes ? Cette explication a incontestablement l'avantage de la simplicité. Cependant tout en l'indiquant à propos de la construction analogue des régimes de l'infinitif, nous n'avons pas cru devoir taire la possibilité d'une autre interprétation. Le type en question nous a paru pouvoir dater d'un temps où les régimes actuels de l'infinitif auraient porté encore, au moins dans certains cas, sur le verbe qui le précède. Nous hasarderons une conjecture semblable pour les régimes actuels de l'attribut. Cette conjecture semble d'autant moins forcée que dans les combinaisons étroites d'un participe avec le verbe substantif ou un auxiliaire de valeur analogue, que nous avons ici principalement en vue, le participe appartient, le plus souvent en latin, toujours dans les langues germaniques, à la voix passive, et n'a par conséquent que des régimes indirects. Or pour ne parler d'abord que du régime le plus ordinaire d'un passif, la relation exprimée primitivement par l'instrumental auquel le latin a substitué l'ablatif et l'allemand le datif avec *von*, est de celles qui peuvent unir un même terme à peu près à toutes sortes de verbes, et même aux verbes signifiant « être », surtout étant admis que leur sens a dû être plus concret à l'origine. Si l'on accorde que *le type primitif* d'une formule comme *Deus est sanctus* comprenait deux énonciations successives, *Deus est* et *sanctus*, il ne semble pas impossible que *dans le type primitif* d'une formule comme *Darius ab Alexandro est victus*, la première énonciation ait compris le régime *ab Alexandro* en même temps que le sujet *Darius* et le verbe *est*, et que cette énonciation ait ainsi rapporté d'avance à Alexandre l'acte subi par Darius, acte *annoncé* par le verbe *est*, avant d'être *exprimé* dans la seconde énonciation par l'attribut *victus*. Tous les autres régimes qui peuvent être construits avec un passif donneraient lieu à des observations analogues. Ici, du reste, comme plus haut à propos de l'infinitif, nous songeons moins à enlever à l'attribut ses régimes, qu'à les assigner en commun, tant à lui qu'au verbe avec lequel il est construit, à peu près comme dans l'exemple grec cité plus haut où le régime est d'ailleurs direct : Ἀνὰ δέ Χρυσηΐδα καλλιπάρηον εἶσεν ἄγων.

La combinaison d'un participe avec certains verbes signifiant « avoir, tenir », pour former des temps composés, n'appartient qu'à des langues plus ou moins modernes. Elle se rencontre dans les langues germaniques et dans les langues romanes, et on en trouve l'ébauche dans la langue latine. Le participe y est à l'origine, sans contestation possible, une simple apposition au régime direct du verbe « avoir », comme dans cet exemple de César, *De bello gallico. I. 48 : Et aciem instructam habuit*. C'est pour cela qu'aujourd'hui encore en français il s'accorde avec ce régime si le régime le précède, et qu'autrefois il s'accordait avec lui dans tous les cas: *Tristan (Chrestomathie* de Bartsch, p. 139. 28) *Et sachiez que ele avoit adonc ostees en sus de li totes ses dames et totes ses damoiseles.*

On voit quel appui l'analyse inattaquable de ces constructions vient prêter, sous forme d'argument analogique, à celle qui a été présentée plus haut des formules où entre le verbe « être ».

Or, soit dans la langue latine, soit dans les constructions anciennes des langues romanes qui reproduisent encore le type latin, soit surtout dans les propositions des langues germaniques dont le cadre est pareillement limité par le verbe, par exemple dans les subordonnées du vieux haut-allemand, le participe est volontiers placé après le verbe « avoir », tandis que le régime direct reste régulièrement avant celui-ci : *César. De bell. gall.* II, 4. *...De numero eorum omnia se habere explorata.* — Vieux franç. *Passion* (Bartsch, 11. 28). *Mais qui l'aura sort an gitad* « Ils ont jeté le sort (tiré au sort) à qui l'aura. » — Haut-allem. *Berthold.* (Wackernagel 675. 39). *Daz só schiere grózen schaden habe getán.*

Rien de plus logique que ces tours, eu égard à leur origine. La proposition, grammaticalement complète avec l'attribut représenté par le verbe « avoir », s'allonge d'un nouvel attribut, qui, d'abord construit en apposition avec le régime direct, ne lui est uni que par un rapport prédicatif subordonné et se place en dehors du cadre par l'exercice d'une liberté *primitive*, s'étendant à tous les termes qui ne sont que des dépendances d'un terme essentiel de la proposition.

Quant aux régimes du participe ils peuvent se construire avec lui en dehors du cadre de la proposition. Mais ils peuvent aussi se séparer de lui pour rester dans ce cadre devant le verbe « avoir ». Ici encore il ne nous paraît pas impossible qu'à l'origine, quelques-uns au moins de ces régimes aient porté sur le verbe « avoir », en même temps que sur le participe, auquel cas leur construction devant le verbe eût été parfaitement régulière, même quand il les séparait de l'attribut. Quoi qu'il en soit, ce type de construction est comme nous le verrons très-usité dans les langues germaniques et surtout en haut-allemand. Exemple : *Berthold* (*ibid.* 677. 1). *Daz er dich schiere von dem Kristenglouben hât gescheiden* « Qu'il t'a bientôt éloigné de la foi du Christ. »

Dans l'autre type signalé, l'habitude de placer les régimes du participe entre le verbe auxiliaire et lui-même finit par amener aussi à cette place le régime direct de l'auxiliaire qu'on en vint à considérer comme le régime direct du participe : *Sermons du XIIe siècle* (*ibid.*, p. 300. 33). *Sit... und ich habe iuwer uioze getwagen* « Puisque... et que je vous ai lavé les pieds. »

Nous terminerons cette section par quelques observations qui porteront aussi bien sur la construction de l'infinitif que sur celle de l'adjectif et du participe attribut avec un verbe personnel.

Rappelons d'abord que nous considérons comme primitives les libertés en vertu desquelles l'infinitif d'une part, l'adjectif ou participe de l'autre, peuvent, avec ou sans leurs régimes, déborder le cadre de la proposition limité par le verbe. Nous ne faisons d'exception que pour le régime direct des temps composés avec « avoir » qui est en réalité par son origine le régime de l'auxiliaire, et qui ne peut se placer après celui-ci, comme dans l'exemple cité

tout-à-l'heure, que par une véritable inversion. C'est par une
réglementation tardive que la langue allemande, dans les propositions qu'elle a continué à construire d'après le type ancien, c'est-
à-dire dans les subordonnées, a fait rentrer dans le cadre, en
d'autres termes, a placé sans exception avant le verbe personnel,
des termes qui pouvaient à l'origine se placer, soit avant, soit après
lui.

D'un autre côté les tours où l'infinitif et l'adjectif ou participe
sont avec leurs régimes, qui d'ailleurs les précèdent, placés après
le verbe personnel, et ceux où le régime direct de l'auxiliaire
« avoir » est lui-même rejeté par inversion au-delà de celui-ci
devant le participe, sont conservés en allemand moderne dans les
propositions principales, et on les rencontre également dans le
français du moyen-âge : *Aucasin et Nicolete* (Bartsch, p. 287. 30)
Por çou qu'il cuida Aucasin son fil conforter, — *ibid.* (p. 283. 28).
Mais li amors de l'oume est ens el cuer plantée.—*Tristan* (p. 139.
25). *Quant la royne ot l'espee aportée.* Il est permis de croire
que ces sortes de tours, les premiers selon toute vraisemblance où
la langue latine, et les langues romanes et germaniques sous leurs
formes antéhistoriques, aient placé un peu fréquemment le verbe
personnel au centre de la proposition, n'ont pas peu contribué,
concurremment d'ailleurs avec d'autres causes que nous signalerons en temps et lieu, à éveiller le sentiment de la construction
moderne, à faire considérer, non plus la dernière place, mais une
place intermédiaire entre le sujet et les régimes, comme celle qui
convenait par excellence au verbe, au mot qui met en rapport les
différents termes de la proposition. Nous ne faisons qu'indiquer ici
ce point sur lequel nous devons revenir dans le chapitre V.

L'exercice des libertés signalées dans la construction de l'infinitif
et de l'adjectif ou participe attribut, ainsi que de leurs régimes,
n'excluait pas d'ailleurs l'usage du type régulier où ces termes,
précédés de leurs régimes, précédaient eux-mêmes le verbe personnel. L'allemand moderne ne l'a rétabli dans toute sa rigueur,
que parce qu'il en avait conservé toujours de nombreuses applications. Nos idées sur le caractère antique et primitif des libertés en
question n'auraient donc rien d'incompatible avec la théorie, généralement admise dans la linguistique indo-européenne, d'après
laquelle certaines formes verbales, en particulier le futur et l'aoriste
caractérisés par une *s*, les temps du latin en *-bam* et en *-bo*, le
futur et l'aoriste passif du grec, les temps spéciaux du passif
sanskrit, seraient composés d'un radical jouant le rôle d'adjectif
ou d'infinitif uni aux formes fléchies de verbes signifiant « être »

ou « faire, aller, etc. » Ces libertés, si anciennes qu'elles puissent être, n'auraient sans doute pas empêché que le principe général de la construction du déterminant avant le déterminé, du mot régi avant le mot régissant, ne prévalût dans les combinaisons de ce genre. Mais nous avons depuis longtemps sur la théorie dont il s'agit, et nous conservons même après les discussions auxquelles elle a donné lieu dans ces dernières années, des doutes que nous chercherons à justifier ailleurs, et qui nous obligent en attendant à négliger des formations dont nous ne pourrions tirer du reste aucun renseignement *nouveau* sur les principes primitifs de construction.

SECTION IV.

Construction de certains pronoms.

Les particularités de la construction des pronoms s'expliquent en partie par le rôle qu'ils jouent dans la coordination ou dans la subordination des propositions, plutôt que par la fonction qu'ils remplissent dans la proposition même à laquelle ils appartiennent. Il en est de même, et dans tous les cas, de la construction des conjonctions qui sont d'ailleurs elles-mêmes des thèmes pronominaux, soit nus, soit revêtus de désinences casuelles.

Un pronom anaphorique, c'est-à-dire rappelant un terme exprimé dans la proposition précédente, sert par cela même de lien entre cette proposition et celle où il figure. Il est donc naturel qu'il se place au commencement de cette dernière, pour rendre la liaison plus sensible : R. V. I, 36, 7. *Tám (agním) ghem itthá namasvína úpa svarájam āsate*, « Les adorateurs s'approchent de lui » (d'Agni, nommé au vers précédent), « qui est roi par lui-même. » — *César. De bello gall.* I, 12. *Id (flumen Arar) Helvetii ratibus et lintribus junctis transibant.*

La construction du pronom relatif en tête de la proposition à laquelle il appartient semble encore mieux justifiée, au moins quand la proposition relative est précédée de la proposition principale. Mais même lorsqu'elle en est suivie, ce qui est l'ordre le plus fréquent en sanskrit et dans la vieille langue latine, il n'est guère moins naturel que le relatif s'empare ainsi de la place où il semble être le plus en vue, et où d'ailleurs il fait le plus souvent pendant à un pronom anaphorique qui le rappelle en tête de la proposition principale, et qui s'y trouve fort à propos pour insister sur la liaison des deux propositions : R. V. I, 91, 9. *Sóma yás te mayobhúva ūtáyah sánti dāçúshe, tábhir no' vitā bhava,* « Soma, protége-nous et étends sur nous ces faveurs qui comblent de biens l'homme pieux. » L'assimilation du relatif sanskrit et grec à un pronom anaphorique, proposée par M. Windisch (*Untersuchungen über den Ursprung des Relativpronomens. — Studien* de Curtius, II, p. 203) et adoptée par M. Delbrück (*Der Gebrauch des Conjunctivs und Optativs*), rendrait très-bien compte de sa construction en tête de la subordonnée, même à une époque antérieure au développement de la fonction relative, mais seulement pour le cas où la principale précède. Elle a le grave défaut de nous présenter comme une inversion une construction de la période que nous avons de bonnes raisons de considérer comme tout à fait primitive. Mais cette question doit être réservée pour la troisième partie.

Certains pronoms anaphoriques se construisent, non pas au commencement de la proposition, mais après son premier terme. Tels sont en sanskrit divers pronoms, mais particulièrement les différents cas de la déclinaison du thème *a* : *Çatapatha-Brāhmaṇa* (Episode du déluge, 10). *Sāsmai sarvā samardhyate,* « Elle lui réussit tout entière », — en grec homérique, οὗ, οἷ, ἕ, — σφῶν, σφίσι, σφίν, σφᾶς, etc. *Iliade.* A. 73. ὅ σφιν ἐϋφρονέων ἀγορήσατο καὶ μετέειπεν.

Les conjonctions se construisent aussi le plus souvent, soit au commencement de la proposition, soit après son premier terme. La seconde construction est devenue la règle pour certaines conjonctions particulières telles que *ca* « et » en sanskrit, τε en grec, *que* en latin, etc.

Sans chercher à décider pourquoi tel pronom anaphorique et telle conjonction se placent après le premier terme, tandis que tel autre pronom anaphorique et telle autre conjonction se placent tout au commencement de la proposition, on peut dire que dans l'un et l'autre cas ces termes sont rapprochés de la proposition précédente pour en mieux marquer la liaison avec celle où ils se trouvent. Sur les conjonctions placées en tête ou après le premier mot d'une proposition qui précède celle à laquelle ces particules doivent la rattacher, nous n'aurions qu'à répéter ce que nous venons de dire du relatif dans les mêmes conditions.

C'est à la place que certaines conjonctions et certains pronoms occupent après le premier terme de la proposition qu'il faut attribuer la perte de l'accent dans la plupart d'entre eux. Nous croyons inutile d'insister sur ce que l'hypothèse inverse aurait d'invraisemblable. La privation de l'accent ne pourrait s'expliquer, ni par le sens de mots souvent très-importants, ni par leur légèreté, puisqu'ils sont parfois dissyllabiques, comme les cas obliques du

pronom sanskrit *ayám* par exemple, *asmai* etc. Le langage ne s'est
donc pas habitué à les construire après le premier mot, parce
qu'ils étaient privés d'accent, mais ils ont perdu leur accent parce
que toujours construits après le premier mot ils devaient paraître
s'appuyer sur lui, et ne faire qu'un avec lui. Tout ce qu'il est
permis de dire, c'est que pour un certain nombre de ces termes,
le choix qui a été fait de la seconde place de préférence à la
première, pour satisfaire à la nécessité logique qui les appelait au
commencement de la proposition, a pu être déterminé par la légèreté de la forme. Cette légèreté aurait donc eu pour conséquence,
mais pour conséquence éloignée, la perte de l'accent, dont la cause
prochaine serait toujours la construction elle-même.

La dernière observation paraît en tout cas applicable aux formes
enclitiques du pronom de la 1re et de la 2e personne en sanskrit et
en grec qui sont en effet plus courtes que les formes accentuées.
Elles se placent après un autre mot, mais de préférence, comme
nous le verrons, après le premier mot de la proposition, de même
que les pronoms anaphoriques dont l'analogie aura sans doute
exercé ici son influence : R. V. I, 1, 7. *úpa tvāgne divé-dive
dóshāvastar dhiyấ vayám — námo bháranta émasi*, « Nous nous
approchons de toi chaque jour, ô Agni, soir et matin, avec piété,
t'apportant notre hommage. » — *Iliade*. A. 120. ὃ μοι γέρας ἔρχεται
ἄλλη.

Certains pronoms sont aussi soumis dans les langues romanes
à des règles de construction particulières, mais toutes différentes.
En allemand, au contraire, les pronoms de la 1re et de la 2e personne, et le pronom anaphorique ou pronom de la troisième per-
sonne *er*, employés comme régimes, offrent encore aujourd'hui
dans leur construction la plus grande analogie avec les formes
enclitiques des pronoms sanscrits et grecs. Ils se placent après le
premier terme de la proposition autant que le permettent les changements de place du verbe, changements que nous étudierons en
temps et lieu. Ainsi l'accusatif *es* représentant un substantif précédemment exprimé, *das Buch* « le livre » je suppose, et placé
après le premier terme dans la subordonnée suivante, c'est-à-dire
dans une proposition fidèle au type ancien, (*Der Mann*) *der es
meinem Vater gegeben hat*, « (L'homme) qui l'a donné à mon
père », en sera séparé par le verbe, remonté de la dernière place
de la proposition à la seconde dans la construction ordinaire
des principales, *Der Mann hat es meinem Vater gegeben*, et
aussi dans la construction dite inversive, *Meinem Vater hat es
der Mann gegeben*.

La place attribuée à *es* avant le sujet dans le dernier exemple, et avant l'autre régime dans le précédent, ne doit pas être expliquée par son affinité primitive avec le verbe, puisqu'il en est séparé dans le type ancien conservé par la proposition subordonnée. Elle est au contraire très-bien justifiée dans les trois cas par l'analogie des pronoms enclitiques du sanskrit et du grec, et fournit un argument de plus à l'appui de la théorie du déplacement du verbe que nous défendrons dans le chapitre consacré aux langues germaniques.

SECTION V.

Construction des particules.

Les adverbes peuvent être à juste titre considérés comme des régimes. Ce sont en effet pour la plupart des cas sortis de la déclinaison, soit d'un adjectif ou substantif, soit d'un thème pronominal, et dont la désinence, plus ou moins émoussée par le temps, indiquait primitivement le rôle qu'ils jouaient dans le discours, le rapport de l'idée qu'ils exprimaient avec celle du verbe ou de l'attribut quelconque de la proposition. Nous les avons déjà assimilés plus haut aux compléments circonstanciels dont la construction a toujours été plus libre que celle d'un régime direct par exemple, et qui ont pu sans doute dès l'origine se construire en dehors du cadre de la proposition, après l'attribut quand il est la limite de ce cadre. Mais il est certains adverbes, les plus anciens de tous, ceux qu'on nomme d'ordinaire *particules adverbiales*, dont la construction doit donner lieu à des observations spéciales.

Ces particules adverbiales comme *á*, *abhí*, *ápi*, *práti*, etc. en sanskrit, ἐνί et ἐν, ἐπί, παρά, etc. en grec, *ad*, *ab*, *ex*, etc. en latin, qu'elles soient ou non des formes *déclinées* (Curtius. *Chronologie* tr. fr. p. 111) des thèmes pronominaux qui leur servent de base, n'ont pu en tout cas avoir primitivement dans la proposition, comme les adverbes ordinaires, d'autre fonction que celle de régimes, ou plus exactement de compléments circonstanciels. Mais quoiqu'elles pussent se construire librement, soit dans le cadre de la proposition, soit en dehors, quoique les épopées homériques nous offrent encore des exemples fréquents, et les Védas des exemples innombrables de cette libre construction, il n'en est pas moins vrai que déjà dans ces antiques monuments nous voyons s'établir l'habitude de construire de préférence la particule adverbiale immédiatement avant le verbe personnel, comme aussi du reste avant le participe et l'infinitif. Il arrive alors souvent que la particule se trouve placée entre un régime et le verbe, et qu'elle

semble l'expression du rapport qui unit ces deux termes : R. V. I,
104, 9. *Uruvyăcă jathăra ă vrishasva*, « Toi qui as une vaste capa-
cité, entonne dans ton ventre. »

Il est bien difficile de décider dans de pareilles constructions si
la particule adverbiale joue le rôle qui appartint plus tard aux
préfixes, ou celui qui appartint plus tard aux prépositions. La
vérité est sans doute qu'elle n'y remplit encore à proprement
parler ni l'un ni l'autre, mais qu'elle s'y montre apte à remplir un
jour l'un ou l'autre. De deux choses l'une en effet, ou on s'habitue,
dans tel tour particulier, avec tel verbe, à regarder la particule
comme plus étroitement unie au verbe, et alors elle se combine avec lui en qualité de préfixe, elle lui est indissolublement
liée comme les préfixes du latin, comme ceux du grec et du
sanskrit[1] dans la période classique. Ou bien on s'habitue dans tel
autre tour, avec tel autre verbe, à regarder la particule comme
plus étroitement unie au régime, et alors elle se combine avec
lui comme dans les formules latines *mecum*, *tecum*, etc., ou du
moins elle se construit immédiatement après lui quelle que soit sa
place dans la proposition : R. V. I, 15, 5. *Pĭbă sŏmam rĭtŭnr ănu*
« Bois le Soma selon les temps (au temps marqué). »

Selon nous donc, la construction qui est devenue dominante ou
même exclusive pour les prépositions, celle qui leur a valu leur
nom, est une inversion de leur construction primitive. Plusieurs
prépositions sanskrites ont continué à se construire après leur
régime, et les traces de la même construction que présentent le
grec et le latin ont tous les caractères de l'archaïsme, — en grec
puisqu'on les rencontre dans Homère : *Iliade*. A. 162. Ὣ ἔπι πόλλ'
ἐμόγησα, — en latin puisque les deux termes sont agglutinés dans
mecum, *tecum*, etc.

Les langues germaniques anciennes ont comme le sanskrit, le
grec et le latin, des prépositions construites quelquefois encore
après leurs régimes. Elles ont aussi comme les mêmes langues des
préfixes indissolublement unis aux verbes. Elles ont enfin des
particules séparables, qui d'ailleurs remplissent la fonction ordinairement assignée aux préfixes, mais qui paraissent avoir conservé les libertés de construction qui appartenaient primitivement
à toutes les particules. Nous disons « qui paraissent », parce qu'en
réalité la construction des particules séparables, quoique différente selon la nature des propositions, est soumise aujourd'hui en
allemand à des règles fixes. Elles se placent devant le participe et

---

1. En sanskrit pourtant, comme le montre l'accentuation, la combinaison
n'est jamais consommée que dans les propositions subordonnées.

l'infinitif dans tous les cas, et devant le verbe personnel dans les propositions subordonnées, les précédant comme toute autre de leurs dépendances et les précédant *immédiatement*. Dans les propositions principales elles suivent le verbe personnel, également comme toutes ses autres dépendances, mais elles le suivent *en dernière ligne*. Dans le vieux haut-allemand, et plus généralement dans les langues germaniques anciennes, le participe, l'infinitif, le verbe personnel des propositions subordonnées ou mieux des propositions, quelles qu'elles soient, dont la construction est restée conforme au type antique, sont de même précédées immédiatement de la particule, et le verbe des propositions principales, ou mieux des propositions qui s'écartent du type antique, est suivi de la particule, mais suivi à distance, celle-ci ne souffrant guère après elle que les termes qui dans ce type auraient pu suivre également le verbe, c'est-à-dire déborder le cadre de la proposition. Cette double construction des particules s'explique parfaitement dans l'hypothèse que les langues germaniques, comme le latin et le sanskrit, appliquaient primitivement, avec plus ou moins de rigueur, le principe de la construction du verbe à la fin de toutes les propositions, subordonnées ou principales. Le verbe aurait dans tous les cas attiré la particule devant lui, mais dans ceux où il ne s'était pas en quelque sorte agglutiné avec elle, il l'aurait laissée à la fin de la proposition, quand, par un changement de construction dont il a été question déjà à la fin de la section précédente, il aurait pénétré à l'intérieur de celle-ci. Nous reviendrons sur ce point, et c'est alors qu'il conviendra de signaler les traces, d'ailleurs peu nombreuses, d'une construction véritablement libre des particules dans les langues germaniques.

SECTION VI.

Constructions inversives.

Dans les sections précédentes nous avons passé en revue les principes de construction qui nous semblent, soit tout à fait primitifs, soit, comme celui qui fait rejeter l'attribut après le sujet, établis dans des périodes antérieures aux plus anciens monuments de nos langues par une modification toute primitive, si l'on peut ainsi parler, des principes primitifs. Nous avons constaté aussi des libertés de construction qui nous ont paru remonter également aux périodes antéhistoriques. La présente section contiendra l'indication sommaire des tours qui peuvent être regardés comme des

inversions proprement dites. Mais avant tout il faut bien préciser
le sens de ce terme d'*inversion*.

L'inversion implique des règles ou au moins des habitudes
régnantes de construction. Dans les idées de Beauzée qui n'admet-
tait comme régulières que la construction française et celles qui lui
ressemblaient (*Grammaire générale*. Paris, 1767, II, p. 468 et
suiv.), presque tous les tours des langues anciennes étaient autant
d'inversions, mais seulement par rapport à l'ordre logique auquel
les Grecs et les Latins avaient refusé d'obéir, tandis que les Français ont eu le bon esprit de s'y soumettre. Dans la conception, à
coup sûr beaucoup plus acceptable, qui divise les langues en langues à construction fixe, et langues à construction libre, et qui
range dans la seconde catégorie toutes les langues anciennes,
celles-ci ne comporteraient pas à proprement parler d'inversions,
puisqu'elles ne connaîtraient pas d'ordre syntactique déterminé.
Mais si l'on peut, comme nous avons essayé de le montrer,
reconstituer les types de construction que les langues indo-européennes ont dû appliquer régulièrement à l'origine, il sera permis,
au point de vue du développement historique, de considérer comme
des inversions les tours qui s'en écartent dans les langues
anciennes ; et s'il est constaté que ces types primitifs eux-mêmes
se sont, en dépit d'exceptions plus ou moins nombreuses, assez
bien conservés dans les monuments des langues anciennes, au
moins en sanskrit et en latin, on en devra conclure que les tours
exceptionnels pouvaient se présenter encore à la conscience du
langage comme des inversions véritables.

Parmi ces inversions il en est qui sont déterminées par la
nécessité de conformer l'ordre des mots à la marche naturelle des
idées, selon le principe posé par M. Weil dans la première partie
de son travail. Mais il en est d'autres qui paraissent n'avoir d'autre
objet que de faire ressortir un terme par l'effet de l'inversion
même. C'est à ces dernières seules que nous devrons consacrer
une étude spéciale dans un essai portant uniquement sur les principes de la construction *grammaticale*. En violant ces principes,
les premières les infirmeraient en effet, si elles étaient plus nombreuses, et nous n'aurons à en tenir compte que pour constater
la prédominance que gardent en dépit d'elles les types réguliers.
Au contraire celles que nous avons en vue confirment la règle par
l'exception même, s'il est vrai, comme nous espérons le démontrer,
que l'effet produit est dû au sentiment de l'inversion : car le sentiment de l'inversion implique celui d'un ordre consacré. En
attendant, on se rappellera que la construction d'un génitif ou
d'un adjectif épithète nous a déjà suggéré des observations analo-